FOREIGN EXCHANGE TRANSACTION

4步驟學會高勝率
外匯交易法

前大型銀行頂尖FX交易員教你
從市場判讀到資金管理

鈴木拓也——著　　陳識中——譯

使用本書前請先閱讀

本書之目的旨在提供外幣買賣、投資的參考資訊和技術解說。關於外匯保證金交易之外幣等金融商品的買賣、投資決定，讀者負有最終判斷之責任。

無論基於本書刊載資訊的實際投資結果如何，本書作者及出版方概不承擔一切責任。

另本書乃基於2020年8月為止之資訊製作。書中刊載之情報在實際利用時有變更之可能，還請注意。

請確認並同意上述注意事項後再使用本書。

※ 本文中介紹的公司、產品名稱皆為各公司已登錄商標權之商標。另外本書中將省略©、
　 ®、TM等標示。

前 言

「看了很多教人買外匯的書和教材，但還是賠錢。」

「一直搞不懂具體到底應該在哪裡進場。」

「對資金管理的方法始終一知半解。」

翻開本書的各位讀者中，是不是大多都有這樣的煩惱呢？

市面上存在很多教人投資外匯保證金（FX）的書，**但大多數的人買書自學後，實際操作的成果卻不盡人意。**

這是為什麼呢？

直接從結論說起，因為想靠投資外匯獲利，除了「輸入（input）」之外，還需要**徹底學會如何「輸出（output）」才行。**

光是看書習得知識，卻不知道怎麼應用它，這是沒有意義的。

用實踐的形式把從書籍吸收到的知識徹底輸出出來，並反覆驗證和改善，將之化為自己的東西，乃是在外匯保證金投資中獲利不可或缺的過程。

然而，這並沒有簡單到一天就能掌握。

就像運動一樣，即使請職業選手來教你打網球的姿勢，也不可能學完立刻就能上場比賽，想在外匯保證金投資的世界習得可穩定獲利的技能，**必須「每日不懈」腳踏實地徹底練習。**

本書是由前大型銀行外匯交易員的現役投資家執筆，總結了各種高勝率交易手法的實踐訓練書。

本書均衡地統整了「輸入」和「輸出」的部分，可讓你在看完後掌握具有實踐力的投資能力。

本書將依循以下4步，講解可說是外匯保證金投資根基的高勝率交易手法。

第1步：認識市場環境
第2步：高勝率的進場時機
第3步：MACD／RSI的組合技
第4步：正確的槓桿與資金管理

在第1步的**認識市場環境**，我們將介紹如何基於道氏理論，利用長期線圖分析當前趨勢屬於「上升、下跌、整理」的哪個狀態。

然後，我們還要使用「**多時間框架分析**」，利用短期線圖決定現在應該要選擇「做多、做空或觀望」。

在第2步的**進場時機**，我們將介紹如何運用線型分析找出具有優勢的高勝率買賣時機。在認識市場環境的環節利用長期線判斷趨勢方向，再利用短期線抓出有優勢的進場時機，然後你就能體會到精準交易的樂趣。

在第3步，我們將介紹**如何使用MACD和RSI，提前察覺趨勢轉換的風險**。

在第4步，我們將介紹重要性不輸交易手法的**槓桿和資金管理技巧**。

本書除了單方面的知識講解之外，還準備了**練習問題（Q&A）**幫助各位讀者自己動腦思考，可以同時鍛鍊輸入和輸出兩個部分。

想提升外匯投資的技巧，利用歷史線圖練習思考
「哪種手法更有效？」
「應該在哪裡進場、哪裡停損更好？」
「這麼操作的根據是什麼？」
是很重要的。

我想，包含我自己在內，所有曾靠外匯保證金交易獲利破億的投資者，應該沒有人會輕視歷史線圖的練習。

有的人也許會認為「分析歷史線圖只是一種事後諸葛，怎麼解釋都行，根本沒有意義」，但否定檢討和反省，是不會成長的。

的確，市場上很少會出現跟過去一模一樣的價格變化，但卻常常出現與過去類似的線圖。

換言之，只要多利用歷史線圖勤加練習，不斷累積經驗，就能提前預測「既然當時是那樣的話，那麼現在應該會這樣吧？」。

外匯投資的圖表練習、資金管理練習，就有如運動時的肌肉訓練和基礎訓練，請大量練習，並以在實戰中能夠發揮練習成果為目標。

前大型銀行外匯交易員　鈴木拓也

外匯的圖表分析和資金管理技能，就跟肌肉訓練和運動的基礎訓練一樣。
因為很重要所以說三次：請務必打好基礎！

CONTENTS

Chapter1

靠投資外匯獲利的
準備功課和心理建設

在Chapter1我們將介紹投資外匯保證
金必須知道的基礎知識。
本章的內容遠比買賣手法和資金管理
重要得多，一定要好好記住。

開始準備投資外匯吧

知識武裝比獲利更優先

對於正考慮投資外匯保證金的初學者，千萬不要在第一筆交易就**抱有「獲利」的執念**。

在剛起步的階段，你應該優先做好掌握系統性知識的**「知識武裝」**工作，**專心提升自己的技能**。

如果才剛起步就專注於眼前的利益，將很容易被想賺錢的念頭牽著鼻子走，明明還不具備足夠的實力，**便毫無根據地胡亂下單**。

即便一時走運賺到了錢，若想在未來也穩定地持續獲得收益，還是必須具備足夠的實力。

唯有在無數的買賣時機中，即使只多1％勝率也好，運用交易規則找出更具優勢的進場點， 並徹底做好風險管理，才能獲得穩定的投資成果。

只要提升知識，自然就會擁有穩定的獲利。

所以，首先請克制自己想賺錢的慾望，**把學習知識擺在獲利之前吧**。

重視資訊的「質」

學習外匯投資的方法有：

❶ **閱讀如本書般的投資理財類書籍**

❷ **看YouTube等影片學習**

❸ **閱讀有名投資人的部落格**

❹ **購買教材**

❺ **看社群網站**

學習外匯投資時，要尋找可信任的資訊來源！不要挑選昂貴的商品。

這裡要注意的是，學習時必須冷靜地判斷自己接收的資訊是否為**「可信賴的優質訊息」**。

尤其在投資的世界充斥著許多商品印著「穩賺不賠」、「誰都能月入○○萬元」等誇張的宣傳語，但實際內容卻十分空洞。

譬如為了增加銷量，只有名字特別誇大的參考書和商品。

然而，有投資經驗的人都知道一個常識，那就是**投資的世界不存在「絕對」或是「100%」這種事**，而且日本的金融商品交易法也禁止相關商品標示這種斷言式的宣稱。

換句話說，如果公開使用這類字眼，便應該懷疑它是否觸法，有詐欺的嫌疑。

如果吸收了這些低品質的資訊，不僅沒辦法獲得知識，還有可能因為吸收到錯誤知識而平白浪費了金錢和時間。

辨別資訊品質的重點

❶ **發訊者的經歷和實績是否可信？**

❷ **資訊是否使用「穩賺不賠」等誇張字眼？**

❸ **讀者對該資訊的評價如何？**

❹ **該資訊是否以收取高額顧問費或販賣商品為目的？**

所有的結果都是自己的責任

在外匯投資領域中總是賺不到錢的人，都有一個共通的**失敗原因**，那就是從來不反省「自己」，總是將失敗歸咎於**「他人」或「環境」**。

譬如將外匯投資失敗的原因歸咎於書籍和教材，或是怪罪市場環境不佳。

以前，我曾經從部落格的讀者那裡收過一封郵件，向我抱怨「我買了一份外匯投資的付費教材學習投資手法，結果那個爛手法根本賺不到錢！而且還愈投資愈賠錢！」。

雖然我不知道那位讀者購買了什麼教材，但我馬上有預感這位讀者的根本問題其實不在教材，就算繼續閱讀其他書籍或教材，恐怕也還是賺不到錢。

因為如果那位讀者真的是在認真地完全消化所購買的教材，並不斷反覆驗證後，才得出「這個投資手法是不好且不賺錢的手法」這個結論的話，那他其實已經得到了非常有價值的發現。

為什麼這麼說？因為只要用跟那個投資手法完全相反的方式交易，理論上就能夠在外匯市場獲利了。

這個例子或許有些誇張，但不只是外匯投資，不論任何投資、生意、甚至運動競技都一樣，**成功者絕不會將自己的失敗歸咎於他人。**

把失敗的原因轉嫁給外在因素非常容易，卻無法讓你學到任何教訓。

唯有停止怪罪他人，做好**「投資不論成敗責任都在自己」**的思想準備，認真地看待外匯投資這件事，才能夠快速提升實力。

只用多餘的資金投資外匯，不挪用生活費

用來購買外匯保證金的資金，務必控制在「**閒餘資金的範圍內**」。

所謂的閒餘資金，簡單來說就是扣除生活費和應急用資金以外的錢。也就是**即使全部賠光也不會影響生活的錢**。

當然，任何一分錢都很重要，並不是說這些錢就算拿去買外匯賠掉也無所謂。這句話要表達的重點，是如果你動用了超過閒餘資金的錢去投資外匯保證金，將使你的心理負擔變成好幾倍，最壞的情況更可能因為心理因素，對你的交易造成負面影響。

特別是抱著一獲千金的妄想把生活費也砸進去的做法更是絕對禁止。

因為外匯保證金交易有著**最大可用保證金25倍的槓桿倍數來交易的機制**，順利的話的確可以讓你一口氣賺到大錢。

但與此同時，這規則也意味著**虧損時你的本金會大幅減少**，所以如果把吃飯的錢也拿去投資外匯的話，萬一停損沒有做好，或是不肯服輸押進更多籌碼，妄想把賠掉的錢一口氣賺回來，就會形成惡性循環。

只使用與生活費完全切離的**閒餘資金來投資外匯，可以讓你在投資時心理更健康，在下單交易時比較沒有壓力**。

投資外匯請只使用賠掉了
也不影響生活的資金！
用游刃有餘的心態來交易
乃是成功的秘訣！

培養能將手法
運用自如的實力

聖杯不存在

一般人常常錯誤地認為，那些靠外匯賺大錢的投資者，都擁有某種其他人不知道的祕密，也就是「必勝法＝聖杯」。

這些人常以為只要學到了必勝法就能靠外匯投資發大財，不斷尋找穩賺不賠的手法。然後每學到一種新手法就稍加嘗試，一旦不順利便馬上拋棄，認為「是這個手法不行！」，繼續尋找其他新的手法，不斷重複同樣的循環。

但很遺憾，在這個世上並不存在能夠永遠用同一種方法交易外匯還穩賺不賠的聖杯。事實上，市場的環境每天都在改變，昨天賺得到錢的方法，在今天的市場上卻派不上用場，這樣的情況也常常發生。

那麼，我們到底該怎麼辦才好呢？

直接說結論，唯一的辦法就是不要依賴任何表面的投資手法，而是**提高自己的實力**，依照市場環境臨機應變，靈活運用不同的手法。所謂的手法，就是能讓你透過買賣外匯保證金獲利的「技巧」。而**圖表則是讓你施展技巧的「武器（工具）」**。

就像在拳擊的世界，如果只精通右直拳的話，很快就會被對手看穿套路，無法給予有效的打擊；在外匯的世界也一樣，唯有在正確的時機使出正確的招數，才能提高投資的勝率。如果投資者本身沒有駕馭技巧的實力，那麼圖表（武器）也只是漂亮的裝飾品罷了。

別只看勝率，要以總體利益為目標

你聽了或許會很驚訝，即使是那些靠投資外匯成為億萬富翁的人，也很少有人能把勝率提高到80～90％。或者正確地說，是根本沒有必要提高到80～90％，因為還有其他比勝率更重要的因素。

那個因素就是**「風險報酬比」**（參照180頁）。所謂的風險報酬比，就是一筆交易的「虧損空間：獲利空間」的比率。

譬如，即使勝率只有30％，如果能發明一種「風險：報酬＝1：3」的投資手法，那麼只要用這種手法來投資就能賺到錢。

相反地，即使勝率高達80％，如果一個投資手法的「風險：報酬＝5：1」，那不

論勝率再高，使用這種手法來投資就只會愈賠愈多。

也有比勝率更重要的東西，那就是「風險報酬比」。若能控制風險報酬比，獲利就不是夢想！

所謂的投資手法，本來就是包含了**風險報酬比、倉位管理**等資金管理在內的一系列交易行為組合，所以**千萬不能只注重表面的勝率**。

基本分析與技術分析

在外匯投資中，存在著根據經濟狀態和金融政策動向預測匯率變化的**「基本分析」**，和分析過去的價格推移情況來預測價格變化的**「技術分析（圖表分析）」**兩大派別。

而對於散戶投資人而言，如果想靠外匯投資賺錢，技術分析更加重要。

我以前曾在某間日本大型銀行的總行，以及海外的分行擔任過外匯交易員。手握鉅額金流的法人投資者和避險基金較重視基本分析，他們會分析經濟、政治以及各國央行利率來預測貨幣的強弱，投入資金。

然而，**散戶投資人要用基本分析跟那些專家對弈，在資訊蒐集能力、組織力以及財力上都是壓倒性地不利**，所以並不推薦這麼做。

在法人投資者這種等級的組織內，滿地都是超高學歷的優秀人才，並使用著可瞬間獲得全球資訊的專用資訊軟體「Bloomberg」等工具。這些菁英都是以團隊在絞盡腦汁預測未來的匯率並進行投資，散戶要以一己之力去對抗他們簡直是不自量力。

不過，法人投資者也有弱點。那就是他們投入的金額太過龐大，無法（或者說不適合）靈活地進出場。

另外，金融機構的專家說穿了就是上班族，無論遇到多麼艱困的投資環境也不能什麼事都不做，必須設法拿出成果達成業績目標。相反地，散戶投資者卻可以選擇**「等待」**，只挑自己拿手的線圖模式出現時進場。

換言之，散戶運用技術分析，**可以在獲利難度高、前景不明的市場環境中選擇「觀望」到底**，只挑局勢明朗的市場環境，在有優勢、高勝率的時機進場，藉此獲得比專家更好的投資成果。

Chapter 1 建設

3

了解圖表分析
有效的原因

匯率為什麼會變動

話說回來，匯率到底為什麼會變來變去呢？

在外匯和金融的教科書上，答案通常有以下幾點。

❶ **基本面因素：經濟和央行利率**

❷ **實需因素：企業出於實需的買賣**

❸ **政治因素（地緣政治因素）：政變或戰爭**

❹ **技術面因素（心理因素）：價格關卡的攻防**

儘管上述幾點全都沒有錯，但這些都是事後怎麼詮釋都可以的因素，而我們必須認識背後更本質的部分。

這個本質就是：匯率（價格）是由 **「買方與賣方的供需平衡決定的」**。所謂的匯率，唯有買方與賣方對價格達成共識，交易才會成功。

假如有人想用1美元＝110.500日圓的價格購買，但市場上所有人都只願意用110.501日圓以上的價格賣，那麼買賣就不會成立，價格不會有任何變化。

後來，買方不情願地抬高了買價，用110.501日圓的價格掛了買單（市價單），那麼交易便會以110.501日圓成立，匯率就會跟著上升。

脫離投資人心理的圖表分析毫無意義

顯示歷史價格變化的圖表，其實就是告訴我們過去在哪個價格買方和賣方達成了共識。

換言之，在圖表的背後，其實充滿了全球各地的法人投資者、避險基金以及散戶的**買賣意圖**。而解讀圖表，其實就是在解讀所有參與這個市場的玩家的**投資心理**。

這裡有一點常常被人誤解，那就是以為使用愈多愈複雜的指標，調整到最佳最適合的設定，就能創造出從來沒有人發現過、獨一無二的投資手法。

沒錯，這世上的確有些投資人擅長運用高度的數學計算，設計出能夠自動交易的程式，但他們大多都不太成功。

這是因為，不論一個投資手法看起來多麼高深，一旦遠離了大眾心理，就無法發揮功效。

相反地，使用像**道氏理論**和**線型這種任誰都看得懂、用得會的手法，找出匯聚最多投資人心理和意圖的水位，鎖定停損和趨勢轉換等時機見縫插針**，才是更符合大眾心理的投資手法。

停損是「靠外匯獲利的必要成本」

只要從事外匯投資，就無法避免虧損的風險。

學習如何與虧損相處，對於用外匯投資快速增加資產是非常重要的課題。

外匯投資的成功者，無一例外都很擅長「賠錢」。他們在進場之前就會明確設定好什麼時候停損，一旦決定好停損點就不隨便放寬標準或取消。同時，還要隨時思考冒著這個風險可取得的報酬是否值得。

另一方面，投資外匯搞到破產退場的人，大都是**因為不懂得面對虧損而失敗**。他們總是只會向天祈禱「以後一定賺得回來」，從來不做停損，然後一賠錢就馬上理智斷線，任憑情感操控不斷下單。

至於另外一種失敗者，則是常常把停損空間設得很大，但獲利空間卻很狹小，風險和報酬完全不成比例。雖然沒有人會喜歡失敗，但**把停損當成「投資外匯必須付出的成本」**是很重要的。

就好像做生意一樣，必須先付出經營成本，然後再努力賺取超出成本的收入，才能達成獲利，外匯投資也可說是一樣的道理。

> 投資外匯時，是否懂得面對「虧損」是很重要的課題。成功的投資者全都很擅長面對虧損喔！

控制感情的方法

不受感情左右的交易規則和徹底練習

在投資外匯保證金時，「情緒」的處理是一個必然要面對的課題。

把大筆金錢投入外匯保證金市場，必定會產生想賺大錢的慾望、不想賠本的恐懼以及獲利不如預期的憤怒，使人被情緒左右。

那麼我們究竟該如何妥善控制好自己的情緒呢？

直接說結論，只要是人，就不可能完全沒有情緒。所以，重要的是如何把情緒對投資決策的影響降到最低。

而我所想到降低情緒影響的方法有：

● **設定明確的交易規則**

● **大量練習直到能把技術線型倒背如流**

首先，**人在投資外匯時之所以會感到不安**，最主要的原因是缺少核心的交易規則，也就是交易的手法。如果沒有制定好規則，就很容易順著當下的想法和氣氛去下單，無法做出有紀律的交易。

而內心沒有可以依循的規則，精神就容易變得不安定。

還有，就算建立了交易規則，要想毫無壓力地貫徹規則，還需要進行大量的線型分析練習。

就跟運動一樣，日復一日地進行相同的練習，**直到完全熟悉該手法所運用的線型**，對於外匯投資是很重要的。

保持心神安定的祕訣

只要是人，**一旦投資外匯連續失利，心理就一定會有所動搖**。這種時候，不要嘗試強行扳回一城，先暫時遠離市場讓心情調適一下，也是很有效的做法。

平常除了買賣外匯之外，也可以讀讀小說、做做運動，培養其他興趣。不過，既然已經下定決心要靠投資外匯賺錢，就一定要重新回去交易。

為了幫助大家維持對外匯投資的熱情，這裡我想推薦一個我自己也仍在使用的方法，那就是**「將目標視覺化」**。

這個方法又叫「**夢想筆記**」，是許多在不同領域創下豐功偉業的成功人士都在使用的方法。

順帶一提，我是在讀碩士的時候第一次知道夢想筆記法的存在，並實際嘗試了一下，直到32歲的現在，除了「前往宇宙」之外的目標幾乎都已經實現了。

「我的夢想」舉例：
● 金融領域的高度專業性
● 派駐至外國金融大城與外國人一起工作
● 年收入超過〇千萬日幣，資產超過〇億日幣，搬進高級公寓
● 獲得睡到自然醒的自由時間

夢想筆記的製作方法非常簡單。

只需要把你未來想在外匯市場賺到多少錢，想拿這些錢來做什麼，具體地用文字寫在紙上就好。除了文字之外，也推薦大家可以附上照片或圖畫，讓腦中的形象更加鮮明。

然後，平常有空時就把夢想筆記拿出來看一下，就能提高自己「總有一天要達成這些目標！」的鬥志，在潛意識中發揮作用，自然地督促自己朝目標邁進。

雖然乍看之下很不可靠，但我認識的某位億萬投資家，還有在大型銀行工作時的上級跟同事們也都在使用這個方法，請大家也務必嘗試看看。

整頓交易環境

審視自己的人際關係

想靠投資外匯賺大錢，整頓出一個可以專心投資的環境也很重要。所謂的環境是由「人」、「物」、「資訊」這三大要素組成。而對於希望讓人生出現戲劇性轉變的人，我建議首先應該**試著改變平常來往的人**。

在日本有個說法是**「自己身邊10個人的平均年收入就等於自己的年收入」**，這又叫做**「鶴見法則」**。

俗話常說物以類聚，人類很容易跟自己有著類似興趣、志向、收入、經歷的人一起相處。這是因為跟同類人待在一起，感覺最為舒適。

然而，如果你不滿足自己現在的生活，希望讓自己更上一層樓的話，可以試著去認識那些自己想成為的人。若是不容易辦到的話，也可以去閱讀他所寫的書或者是YouTube影片，集中接收他的訊息。

哪種電腦適合買賣外匯

為了專注於外匯投資，舒適的物質環境也很重要。至於其中最關鍵的工具——電腦，以專業為目標和以副業為目標，兩者適合的標準也不太一樣。

如果你是想成為外匯專家或專業投資人，絕對是**高性能桌上型PC**為佳。大廠出的套裝家用桌機裡通常會預裝很多沒用的軟體，而且價格也比較高，所以我個人使用的是「Mouse Computer」的桌上型PC。

我的PC有搭載「獨立顯示卡」，所以1台電腦可以同時連接4台螢幕（只要到電腦專賣店就能請店家幫你組一台具備此功能的電腦）。

另一方面，對於當作副業的投資人來說，因為跟專業投資者相比沒有那麼多的時間盯著圖表，所以用桌機或筆電都

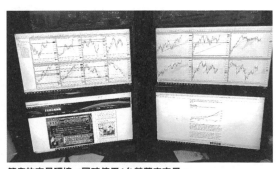

筆者的交易環境，同時使用4台螢幕來交易。

可以。

但如果電腦的型號太老舊，開圖表的時候就有可能卡住或出現致命的軟體問題，所以可能的話還是盡量買一台最新型號的電腦。

希望更詳細了解筆者交易環境的人，可以參閱本篇部落格文章（https://fx-megabank.com/fx-basic/trader-pc/）。

推薦的圖表分析軟體和外匯公司

圖表是投資外匯的重要武器，使用性能不佳的圖表分析軟體，就會讓自己處於不利的起跑點，所以必須非常謹慎地選擇。

我至今曾用過超過20種圖表分析軟體，目前主要使用的是 **「MT4（MetaTrader 4）」**。

MT4是一款由俄國公司開發，同時具有交易功能的圖表分析軟體，不僅軟體性能好，還可以自由自在地自訂圖表。

同時，只要在有支援MT4的外匯公司開戶，就能免費使用它的全部功能。

而開設外匯保證金帳戶完全不需要任何手續費、年費等費用，所以初學者也能放心地使用。

目前在日本有支援MT4的外匯公司包含：

金道投資Goldenway
YJFX!
樂天FX
OANDA

等等幾家公司。

各家的特色和優缺點可參考**筆者的部落格文章**（https://fx-megabank.com/mt4/chart/）。

另外，由於並不是每個人都用得慣MT4，所以**想比較MT4系統以外的外匯公司的人**，可參考另一篇文章（https://fx-megabank.com/fx-company/recommended-fx-company/）。

Chapter 2

圖表分析
市場環境認識篇

在Chapter 2我們將介紹外匯交易
的第一步「認識市場環境」的方
法。在此步驟中首先要用長期線
圖判斷趨勢並找出支撐抵抗，再
從「做多、做空、觀望」中選出
最適合的行動。

認識市場環境
是交易的第一步

交易時應做的第一件事

交易時要做的第一個分析，就是**「認識市場環境」**。

所謂的認識市場環境，一言以蔽之即是分析**現在的市場處於什麼狀態**，大致可分為以下3個步驟。

認識市場環境的3大步驟
❶ 認識趨勢
❷ 認識支撐及抵抗
❸ 認識基本面

請記住這3種認識市場環境的方法吧！

找出趨勢

認識趨勢，即是分析現在的市場屬於

上升趨勢

下跌趨勢

橫盤（整理）

這3種趨勢中的哪一種。

分析完趨勢後，如果是上升趨勢則**「買進」**，下跌趨勢則**「賣出」**，橫盤的話則基本上以**「觀望」**為佳。

市場環境	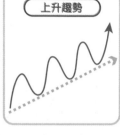 上升趨勢	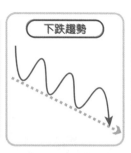 下跌趨勢	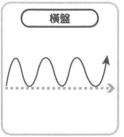 橫盤
交　易	買進（做多）	賣出（做空）	觀望 （什麼都不做）

支撐線、抵抗線在哪裡？

除了認識現在的趨勢，認識會對趨勢構成阻礙的**支撐線**和**抵抗線**位於哪個價格水位也是認識市場環境的一部分。

舉例來說，即使當前的趨勢屬於上升趨勢，如果在目前匯率的上方不遠處存在抵抗線，那麼此時就不適合進場買進，應該等匯率向上突破抵抗線後再布局會比較好。

這是因為此時匯率存在**買進後馬上碰到抵抗線而反轉**的風險。

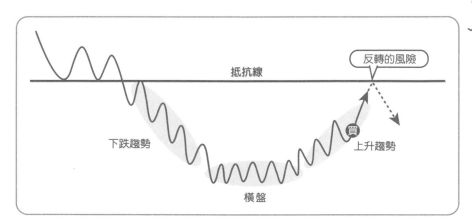

當前的經濟、金融、政治局勢是？

在基本面的部分，確實把握經濟指標和金融政策的公布日期，**分析經濟或是金融政策的主要趨勢**，也是一種環境認識。

例如，在市場環境悲觀（Risk off）且日圓升值壓力強的狀況下，如果對此環境一無所知就做空日圓，那麼交易的風險就非常高。

判斷趨勢的方法就是使用技術分析

判斷現在的市場屬於何種趨勢的方法有很多。

例如被稱為技術分析始祖的**「道氏理論」**、連接過去一定期間平均價格的**「移動平均線」**、引進波動性概念的**「布林帶」**、起源於日本的技術分析**「一目均衡表」**等等。

但既然在市場的世界沒有正確答案，爭論哪種技術分析方法才是最有用的，其實並沒有什麼意義。重要的是，**一旦決定要使用哪種方法後，就要貫徹始終地用到最後**。如果有的時候使用移動平均線分析趨勢，有的時候又用布林帶來分析，分析就很

容易變成對自己有利的解釋，產生偏差。

而本書將從練習的觀點，介紹實踐上較容易的道氏理論，來讓大家練習判斷趨勢的方法。

道氏理論的趨勢判斷方法

道氏理論是由查爾斯·道所提出，用於評價市場價格變動的技術分析理論。這個理論由以下**「6大基本原則」**構成。

❶ **價格（平均股價）包含全部的事件和現象**

❷ **趨勢可分為短、中、長期3種**

❸ **主要的趨勢由3個階段形成**

❹ **價格必須互相驗證**

❺ **趨勢必須有交易量佐證**

❻ **趨勢在出現明確的轉換訊號前不會終結**

其中在判斷趨勢時最重要的一個原則，就是第6點的**「趨勢在出現明確的轉換訊號前不會終結」**。

在道氏理論中，上升趨勢的定義是**主要的高點和低點皆同步上升**，下跌趨勢的定義是**主要的高點和低點皆同步下跌**。

這個理論乍聽之下非常簡單，但背後其實相當深奧。

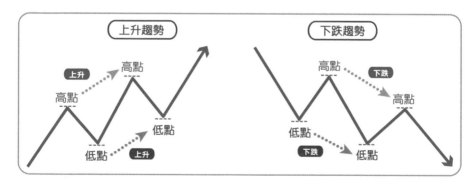

轉換訊號

然後，這個趨勢在發生**明確的轉換訊號**之前，將會一直維持下去。

但這裡說的「明確的轉換訊號」是什麼呢？也就是**上升趨勢中出現低點往下走、下跌趨勢中出現高點往上爬**的情況。

換言之，若上升趨勢中高點往上爬，但低點卻往下走，代表這個上升趨勢已經崩壞，轉換為整理行情。

同樣地，若下跌趨勢中低點往下走，但高點卻往上爬，代表下跌趨勢已經崩壞，轉換為整理行情。

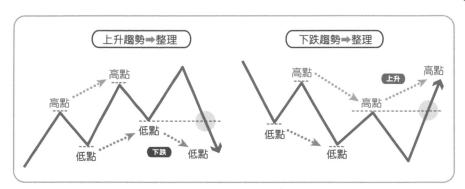

用長期線圖認識環境，再用短期線圖找出進場點

分析趨勢的基本技巧，是不使用單一週期的線圖來分析，而是**用多種週期的線圖來分析並訂定戰略**。

這種用多種週期的線圖來分析的技巧叫做**「多時間框架分析」**，被很多技術分析派的投資人使用。

這個方法的交易步驟如下：

❶ 用長週期線圖認識市場環境

❷ 用短週期線圖尋找進場點

那麼，具體應該用哪種週期的線圖呢？

答案會因交易風格而異。

雖然沒有規定一定要用多長的週期才行，但下表依照不同的交易風格列出了對應的長週期和短週期標準。

請依照你自己的生活節奏跟想投入在外匯投資的時間，建立不會給自己帶來壓力

的交易風格吧。

交易風格	長期線圖	短期線圖
長線交易 數月～數年	月線 週線	日線
波段交易 數日～數週	週線 日線	4小時線 1小時線
日內交易 1天	日線 4小時線 1小時線	30分線 15分線 5分線
超短線交易 數分鐘～1小時左右	1小時線 30分線	5分線 1分線

依照交易的風格，即可一定程度上決定要用的線圖週期。

認識長期線圖的
抵抗和支撐

Q 請用日線圖認識市場環境，判斷趨勢，並畫出支撐線和抵抗線。請問此例中，可以在1小時線圖中進場買進嗎？

長期線 美元／日圓　**日線圖**（2019年3月8日～2019年9月23日）

放大為1小時線

短期線 美元／日圓　**1小時線圖**（2019年7月19日～2019年7月30日）

在1小時線上看起來是上升趨勢，但把更長期的日線圖也考慮進來後，還適合買進嗎？

A 在日線圖中，低點e→f往上爬升，高點c→d則維持相同的高度，是整理行情。此外，圖中可以畫出抵抗線Ⓐ，反轉風險高，所以應該避免買進。

長期線 美元／日圓 日線圖（2019年3月8日～2019年9月23日）

短期線 美元／日圓 1小時線圖（2019年7月19日～2019年7月30日）

日線圖的抵抗線

日線圖中的抵抗線就在不遠的上方，此時應警戒趨勢反轉的風險

1小時線顯示良機，但日線有風險

在1小時線圖上看是強勁的上升趨勢，如果只看1小時線圖的話會認為是進場買進的好時機。然而，檢查**日線圖的趨勢，卻不滿足道氏理論的上升趨勢定義，而是整理行情**。

不僅如此，在日線圖上還可以畫出由低點a和高點 b、c連成的**抵抗線Ⓐ**。這是在日線上受到注目的強力水平線，而且還發生了支撐抵抗轉換，所以未來**應小心**在抵抗線Ⓐ發生**反轉的風險**。

因此，不僅趨勢屬於整理行情，抵抗線也在不遠的上方，故而可以說在這張1小時線圖並不適合進場買進。

其他還可用同樣方式畫出**抵抗線Ⓑ**，就算價格衝破了抵抗線Ⓐ，仍有馬上遇到抵抗又壓回來的風險。在這種**鄰近賣壓強勁的價格帶時**，除非有新的基本面因素出現，否則可預期不太會有投資人在此時買進。

順帶一提，如果想以抵抗線Ⓐ為根據逆勢做空的話，則停利點可設在支撐線Ⓒ的位置。

道氏理論的波形為整理行情

這裡讓我們更深入理解**道氏理論對於趨勢的判斷**吧。

道氏理論認為，上升趨勢的定義是高點和低點同步上升，下跌趨勢則是高點和低點同步下降。唯有滿足其中之一才算是趨勢。

而本題的圖表中，一如下圖左側一般，低點e→f雖然在上升，但高點c→d卻沒有變化，所以不屬於上升趨勢。依照道氏理論，**高點d必須超過高點c**才能視為上升趨勢。

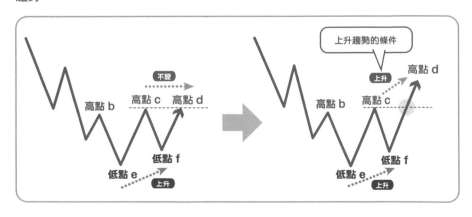

抵抗線與支撐線

　　雖然是非常基本的知識，不過連接高點跟高點，位於當前匯率之上的水平線就叫
抵抗線；而連接低點跟低點，位於當前匯率以下的水平線則叫**支撐線**。

　　抵抗線會成為阻礙匯率上升的牆壁，而支撐線會成為支撐匯率止跌的地基。

　　甚至可以說不畫水平線就無法投資外匯，這2條線就是這麼重要。所以請務必養
成在圖表上畫水平線的習慣。

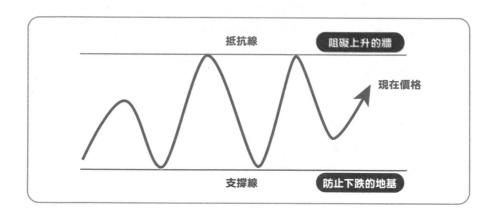

抵抗線和支撐線都是交易時
必要的分析工具！

演練題 2 注意發生在水平線上的價格變化

Q 請用長期線的日線圖認識環境，然後判斷趨勢並在當前匯率的上下方畫出水平線。請問此時，在短期線圖中應該選擇買進還是賣出？

長期線 美元／日圓 日線圖（2016年9月28日～2017年5月3日）

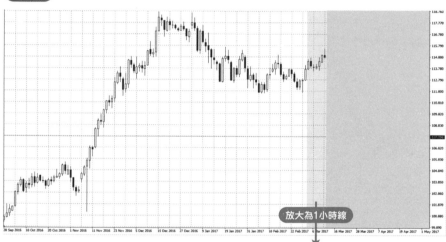

放大為1小時線

短期線 美元／日圓 1小時線圖（2017年3月2日～2017年3月10日）

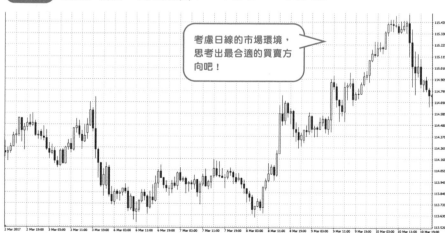

考慮日線的市場環境，思考出最合適的買賣方向吧！

在日線上，高點f→d往上升，低點e→g卻維持不變，故可判斷是整理行情。還有，當前匯率的上方不遠處就有抵抗線Ⓐ存在，且高點d是一條長上影線的陰線，故可判斷賣壓很強。因此，此時應避免買進，暫時選擇觀望。

長期線 美元／日圓　日線圖（2016年9月28日～2017年5月3日）

高點**d**是一條長上影線的陰線，可以做空

短期線 美元／日圓　1小時線圖（2017年3月2日～2017年3月10日）

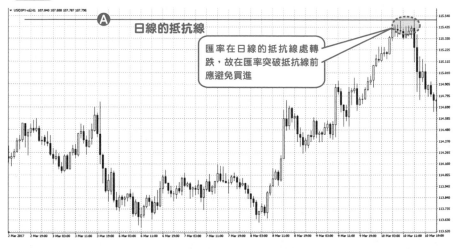

日線的抵抗線

匯率在日線的抵抗線處轉跌，故在匯率突破抵抗線前應避免買進

遇到價格受阻&長上影線陰線後下跌時需警戒

首先用**道氏理論**整理一下日線的趨勢。

高點f→d往上升，但低點e→g保持相同高度，所以在**日線上是整理行情**。

若要滿足上升趨勢的條件，則**高點和低點都必須往上升**，要像下圖跌到低點g'後再突破高點d才是**上升趨勢**。

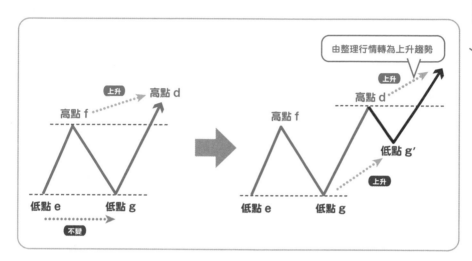

高點d可跟高點b、c連成**抵抗線Ⓐ**。在過去，匯率也曾在低點a反轉過一次，發生**支撐抵抗轉換**（抵抗和支撐的功能反轉），是強力的抵抗帶。

除此之外，高點d的K線還是**帶長上影線的陰線**，買方勢力雖嘗試突破抵抗，但攻防的結果卻是**敗給賣方勢力**。

整理**日線圖的市場環境**後，可以知道趨勢屬於**整理行情**，而且上方不遠處存在抵抗線Ⓐ，加上還出現長上影線的K線，所以不應考慮買進。

因為屬於整理行情，故**觀望是最合適的選項**。如果硬要主動出擊的話，那麼**這個局面應該以做空為佳**（此時屬於逆勢交易）。

若是選擇做空賣出，由於圖中可連接低點e、g畫出**支撐線Ⓑ**，故可以此處為**停利的基準**。

用K線的價格變化預測未來發展

K線是根據買方勢力和賣方勢力的攻防結果而產生的，所以我們可從中解讀出重要的價格行為，藉以預測投資者的心理狀態和未來的價格變動。

雖然是很基本的知識，不過匯率會因想買的人和想賣的人的供需平衡而變動。K線的形狀改變，就代表有買家和賣家在該價格成交。

那麼，像下圖這樣在抵抗線附近**出現長上影線陰線**的時候，意味著背後發生了什麼樣的攻防呢？

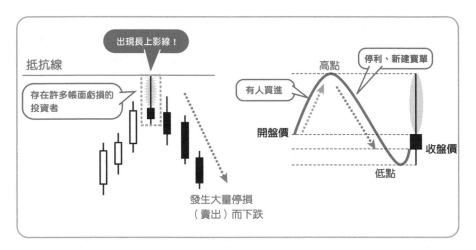

預測匯率會衝破抵抗線的**樂觀買家在此進場買進**，促使匯率上升到抵抗線上（高點）。然而，買方勢力最後卻**敗給在此停利或新進的賣方勢力的賣壓，使得匯率回跌，留下長長的上影線**。

這裡的重點，在於影線產生時的價格帶中也**存在進場買進的投資者**。而很可惜地，這些投資者全都出現**帳面虧損**。

所以看到匯率被抵抗線壓回，出現長上影線之後，跑得快的人就會發現是自己判斷錯誤，立刻丟出停損的賣單。

於是，**匯率就轉換成了下跌趨勢**。

長上影線的出現是轉入下跌趨勢的訊號！

趨勢轉換不一定總是
跟書上寫的一樣

Q 請用日線圖認識市場環境，判斷趨勢並畫出3條水平線。請問此時，在1小時線上應該選擇賣出或買進？

長期線 歐元／美元　日線圖（2017年11月9日～2018年6月13日）

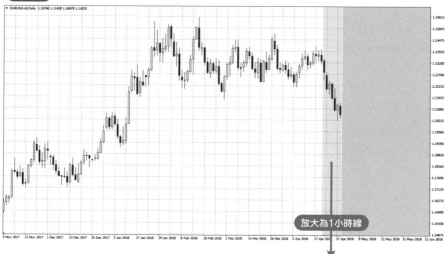

放大為1小時線

短期線 歐元／美元　1小時線圖（2018年4月20日～2018年4月30日）

1小時線是下跌趨勢呢！
請分析日線的趨勢變化，
思考買賣的根據吧

在日線圖上，高點e→g、低點f→h都在下降，所以是下跌趨勢。另外，匯率高點也數度被抵抗線Ⓑ壓回，之後也跌破支撐線Ⓐ，是可以做空的情況。不過，由於下方不遠處還有支撐線Ⓒ的存在，所以要小心反彈，將其當成停利的基準。

長期線 歐元／美元　日線圖（2017年11月9日～2018年6月13日）

發生箱型整理

短期線 歐元／美元　1小時線圖（2018年4月20日～2018年4月30日）

匯率跌破日線上受到注意的水平線，可見賣壓十分強勁！

Ⓐ 日線的水平線

高點、低點同時往下走，且跌破主要支撐線

在日線圖上，根據道氏理論，由於**高點下跌**（e→g），而且**低點也下跌**（f→h），所以可以判斷是**下跌趨勢**。

此外，**匯率跌破了**由低點a、b連成的**支撐線Ⓐ**，所以可以看出賣壓十分強勁。

換言之，日線圖上的市場環境不僅是下跌趨勢，而且阻礙跌勢的支撐線也被跌破，所以是可以**在短期線上找機會賣出的局面**。

本題的市場環境認識非常簡單呢。

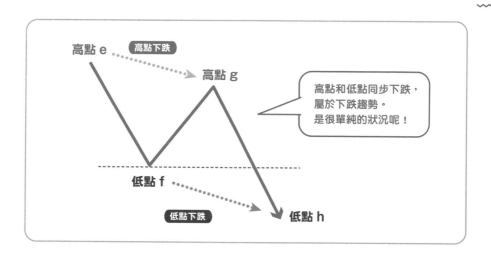

同時，在尋找賣出機會時，一定要在長期線圖上一併**找出下次可能發生反彈的支撐水位**。

如此一來，即可發現由高點c和低點d連成的**支撐線Ⓒ**，而這條線就是可以當成停利標準的價格帶。

（本例中匯率又繼續跌破了Ⓒ的支撐線，下跌趨勢依然持續。）

箱型突破的方向會發生趨勢

本題的圖表上，充滿了很多在實戰時會頻繁出現的重要元素。

首先是由**支撐線Ⓐ**跟由高點a'、b'連成的**抵抗線Ⓑ**所圍成的區塊，這是一種俗稱**「箱型整理」**的價格變化。

因為這是日線圖，代表在長達約3個月的時間內，匯率都在這個箱型區域內推移。

在箱型內買賣雙方勢力互有消長，代表不存在主導的趨勢；但**價格一旦突破箱型後，就會順著突破的方向產生新的趨勢**。

本例也是朝著突破方向產生了趨勢**（下跌趨勢）**。

同時，像本題這樣匯率在碰到低點b後向上反彈，沒有形成典型的雙重頂，之後上下拉鋸了一小陣子，最後終於**跌破頸線Ⓐ，由上升趨勢轉換為下跌趨勢**的情況也十分常見。

所以要注意實戰中也常常出現線型不漂亮、不典型的情況喔。

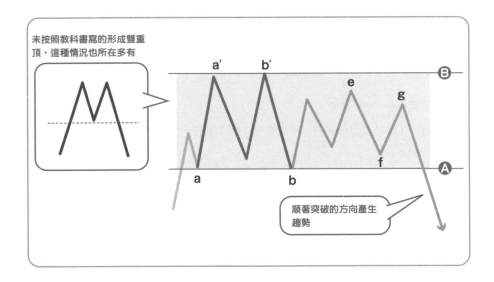

未按照教科書寫的形成雙重頂，這種情況也所在多有

順著突破的方向產生趨勢

多條線交疊處
是絕佳的買賣時機

Q 請用日線圖認識現在的市場環境，並判斷趨勢，畫出水平線、趨勢線。請問此時，在1小時線圖上應選擇何種行動較為適合？

長期線 歐元／美元　日線圖（2019年4月5日～2019年11月4日）

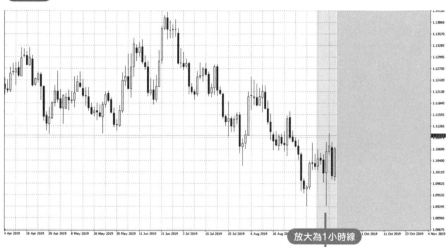

放大為1小時線

短期線 歐元／美元　**1小時線圖**（2019年9月9日～2019年9月17日）

在1小時線圖上看似沒有機會，但改用日線圖來看就能看出新的觀點喔

日線上的趨勢是高點c→e、低點d→f同時下跌，故為下跌趨勢。此外，圖中可連結高點a-c-e-g畫出下跌的趨勢線Ⓐ，且在Ⓑ和Ⓑ'之間存在抵抗帶，故賣出是較佳的選項。

長期線 歐元／美元 日線圖（2019年4月5日～2019年11月4日）

短期線 歐元／美元 1小時線圖（2019年9月9日～2019年9月17日）

下跌趨勢線和抵抗帶在上方延伸，可得知賣出是最好的選擇

趨勢線和水平線的重疊處是絕佳的買賣時機！

在交易的時候，要先用**長期線圖來認識市場環境**，掌握趨勢和支撐抵抗線的位置，然後**再用短期線圖選擇進場時機**。

此時，有沒有找出**「趨勢線」**會有很大的差別。

在本題的日線圖當中，以高點a為起點，依序連起c-e-g後，就能夠畫出**下跌趨勢線**。

若光看1小時線和更短週期的線圖，就無法發現這條線的存在。

如果沒有發現長期線圖中的下跌趨勢線而進場買進，很顯然就會讓自己處於極為不利的位置。

另外，**組合使用趨勢線和水平線**，可以提高投資勝率，實現更穩固的交易。

例如像下圖這樣連接高點a-c-e-g畫出下跌趨勢線，並連接低點b和d畫出水平線，**下跌趨勢線和水平線相交的區域會是強力的抵抗帶**。

換言之，除非市場上存在極為強大的買壓，否則匯率將很難突破這條抵抗帶，是匯率極可能向下反轉的絕佳賣出時機。

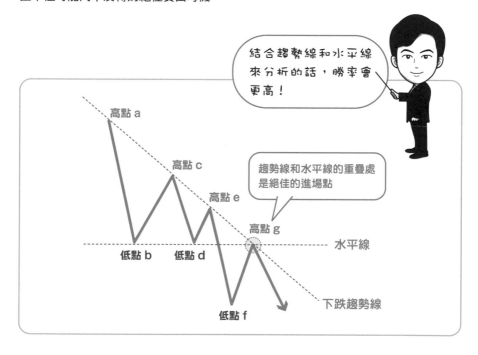

結合趨勢線和水平線來分析的話，勝率會更高！

高點 a

高點 c

高點 e

趨勢線和水平線的重疊處是絕佳的進場點

高點 g

水平線

低點 b　　低點 d

下跌趨勢線

低點 f

把長期線圖上的水平線當成帶（zone）！

雖然水平線和趨勢線任誰都能輕鬆畫出來，但我想有不少人都有過畫太多條線，或是無法找到一條完美的水位，**不知道該相信哪條線而腦袋一團亂**的經驗。

尤其是在週線、日線、4小時線等週期較長的線圖上，畫線時常常無法剛好對齊每一根K線的高點或低點。

這是**因為K線圖的週期愈長，只採用技術分析來交易的投資者愈少，愈容易受到重視基本面的法人投資者或實需企業的匯兌交易影響**。

不過，「雖然無法畫出恰恰好的線，卻好像還是有支撐和抵抗的作用……」這種情況常常發生。

這種時候，可以不用單一一條線來定義支撐和抵抗，改用**數條線夾成的區域來定義支撐帶和抵抗帶**會更有效。

本題的例子中，同樣可以看到由 ❸'和❸圍成的區域發揮抵抗帶的功能在抑制價格的上升。

當抵抗帶出現時，代表匯率有在此轉跌的可能性，故可判斷在這個價格帶上買進會面臨很高的風險。

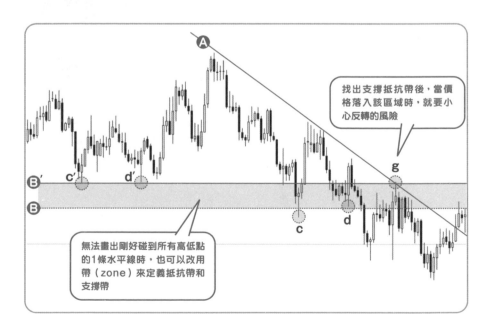

找出支撐抵抗帶後，當價格落入該區域時，就要小心反轉的風險

無法畫出剛好碰到所有高低點的1條水平線時，也可以改用帶（zone）來定義抵抗帶和支撐帶

只要知道反轉是否完成，
選項就只有一個

Q 請用4小時線圖認識市場環境，並判斷趨勢，畫出水平線檢查線型。請問此時，在30分線圖上應該選擇買進還是賣出？

長期線 美元／日圓　**4小時線圖**（2018年9月13日～2018年10月18日）

放大為30分線

短期線 美元／日圓　**30分線圖**（2018年10月5日～2018年10月10日）

在4小時線圖上已完成重要的線型，若能發現此線型，則可採取的選項就只剩一個

在4小時線圖上，跌破支撐線Ⓐ的反轉型態「頭肩頂」已然完成，故可預想匯率將從上升趨勢轉為下跌趨勢。因此，本題應該在短期線圖上找機會賣出。

長期線 美元／日圓 **4小時線圖**（2018年9月13日～2018年10月18日）

頭肩頂型已完成，故可知已發生趨勢轉換

短期線 美元／日圓 **30分線圖**（2018年10月5日～2018年10月10日）

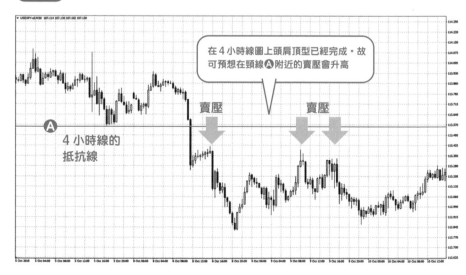

在4小時線圖上頭肩頂型已經完成。故可預想在頸線Ⓐ附近的賣壓會升高

賣壓 賣壓

Ⓐ 4小時線的抵抗線

不認識頭肩型就進場投資很致命！

在長期線圖上，除了要判斷趨勢和認識支撐‧抵抗的位置之外，**辨識線型也很重要**。

所謂的線型，就是出現在K線圖上的特定圖形，是一種「**如果出現這種線型，未來就會這樣變化**」，可以幫助我們預測未來的方式。

在本題的4小時線圖上，已完成頭d、左肩b、右肩f的**頭肩頂型**，是匯率從上升趨勢**轉為下跌趨勢的訊號**。

在頭肩頂已完成的狀況下，**選擇買進並不恰當**。

換言之，知不知道這個線型，有沒有在圖表上認出它，將決定之後投資者的判斷和行動選項。

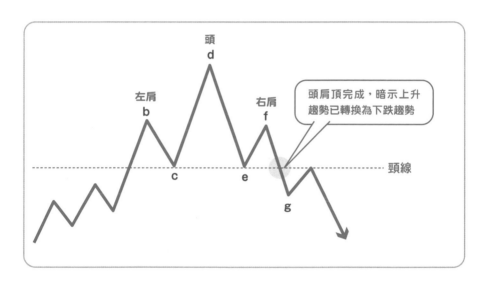

但即便漏看了本題4小時線圖上的頭肩頂，仍可以用**道氏理論**，從**高點d→f、低點e→g同步下跌**這點**判斷出是下跌趨勢**。

根據匯率跌破了低點c、e連成的支撐線，也可判斷**應選擇賣出**。

> 只要看出頭肩型，就能在交易時讓自己處在有利的位置！

記住常出現的線型！

除了頭肩型以外，下面的 **「三重頂（底）」** 和 **「雙重頂（底）」** 也是重要的反轉線型，請趁機一併背下來吧。

◆ **常出現的線型（反轉型態）**

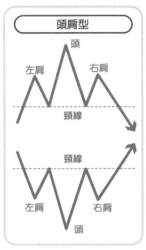

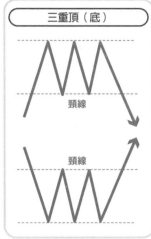

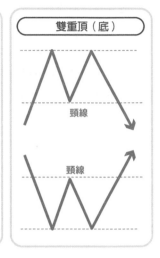

另外，還有一種跟反轉型態同樣重要的線型是「三角收斂」。形狀如下圖所示。

◆ **常出現的線型（三角收斂）**

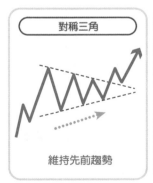

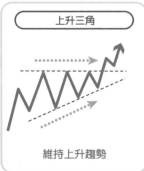

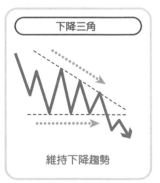

如何用道氏理論
判斷趨勢轉換

Q 請用4小時線圖認識市場環境，並判斷趨勢、畫出水平線、檢查圖表線型。請問此時，在30分線圖上應該選擇買進或賣出？

長期線 美元／日圓　**4小時線圖**（2019年3月7日～2019年4月11日）

放大為30分線

短期線 美元／日圓　**30分線圖**（2019年3月27日～2019年4月1日）

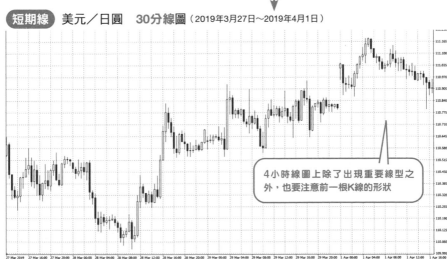

4小時線圖上除了出現重要線型之外，也要注意前一根K線的形狀

在4小時線圖上，頭肩底型已經完成。且前一根K線碰到支撐線Ⓐ後反彈，留下長下影線，故可預測會發生支撐抵抗轉換後轉升。換言之此時應選擇買進。

長期線 美元／日圓 **4小時線圖**（2019年3月7日～2019年4月11日）

留下
長下影線

短期線 美元／日圓 **30分線圖**（2019年3月27日～2019年4月1日）

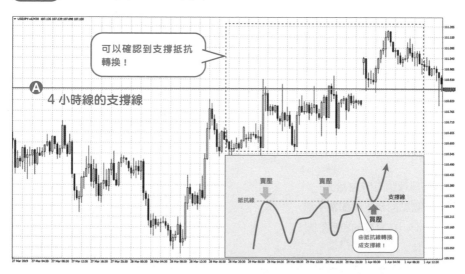

可以確認到支撐抵抗轉換！

Ⓐ 4 小時線的支撐線

賣壓　　賣壓

抵抗線

支撐線

買壓

由抵抗線轉換
成支撐線！

頭肩底完成等於上升趨勢出現！

在4小時線圖上**使用道氏理論判斷趨勢**，根據高點d→f、低點c→e同步上升，可確認為**上升趨勢**。

同時，暗示市場由下跌趨勢轉換為上升趨勢的頭肩底型，也在匯率向上衝破水平線Ⓐ後完成。

不僅如此，**K線也在水平線Ⓐ上留下長下影線後反彈**，由此可預想匯率會在支撐抵抗轉換後上升，適合進場**買進**。

支撐抵抗轉換是絕佳的買賣時機

關於水平線有個一定要記住的特徵，就是「**支撐抵抗轉換（role reversal）**」。也就是支撐線（或抵抗線）在被突破後，功能逆轉的現象。

譬如像下圖最初的抵抗線，在匯率向上突破之後，就轉變成了支撐匯率下跌的支撐線。

匯率在支撐線上反彈後轉為上升趨勢的情況很常見，是十分有效的買賣時機，所以是投資外匯時最重要的原則之一。

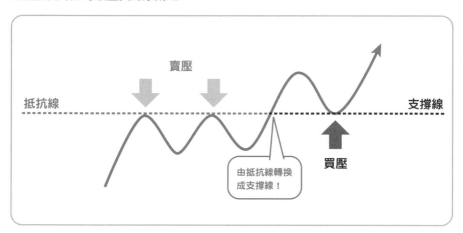

道氏理論中判斷趨勢轉換的方法

道氏理論有時會給人一種似乎只要背下**「高、低點同步上升即為上升趨勢」**、**「高、低點同步下跌即為下跌趨勢」**這兩句話就能用的錯覺。

然而，在實際的K線圖上，每個人對趨勢的認識和解釋往往都不一樣。

包括之後才會講解的高點、低點的定義方法（參照60頁）也是如此。

而這種投資者看法分歧的場面，最具代表性的情況就是**趨勢轉換**。

譬如，在下圖的**型態A**中，起初低點a→c、高點b→d是同步上升，形成上升趨勢。但在匯率到達最高點f後，高點f→h、低點g卻同步下跌，此時可認定市場已轉換為下跌趨勢。

這與道氏理論的「高、低點同步下跌即為下跌趨勢」的定義一致，在解釋上乍看之下沒有任何問題。

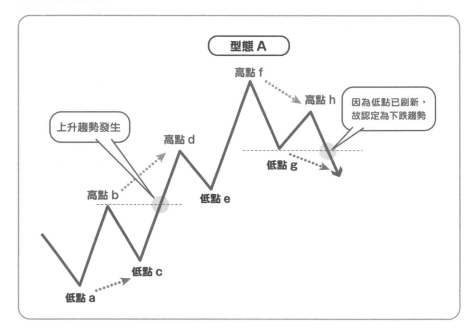

但另一方面，也有一派投資人認為在使用道氏理論判斷趨勢時，還必須考慮「**回檔低點**或**反彈高點**」。

回檔低點和反彈高點的意思如下：
· 回檔低點：**近期最高點前的低點**
· 反彈高點：**近期最低點前的高點**

在先前的**型態A**當中，因為近期最高點是f，所以**回檔低點就是 f 的前一個低點 e**。

所以，在匯率到達最高點 f 後，光憑高點 f →h、低點 g 同步下跌還不能判斷是下跌趨勢，應該認定上升趨勢還未結束。**必須等到之後匯率跌破回檔低點 e 後才能認**

定轉為下跌趨勢。

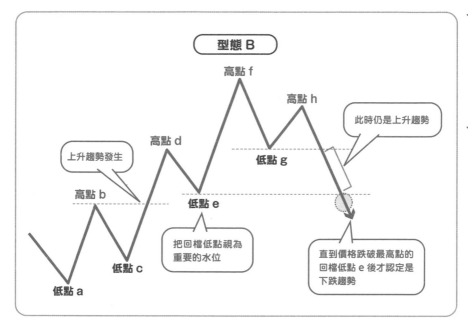

可用道氏理論判斷趨勢的實際場面

　　光用折線圖說明缺乏具體性，所以接著我們會用實際的圖表來解說。

　　在本回的演練題6的4小時線圖當中，認為**刷新回檔低點・反彈高點**「不必要」的**型態A**，跟認為「有必要」的**型態B**，這2種流派對於趨勢轉換發生時機的判斷也不一樣。

　　首先是**型態A**（次頁圖）。

　　最初是下跌趨勢，匯率先從高點**b**到低點**c**，接著再到高點**d**和低點**e**。此時高點和低點仍同步下跌，所以仍是下跌趨勢。

　　接著，匯率在碰到低點**e**後**刷新了高點d的那一刻**，由於高點**d**→**f**、低點**c**→**e**同步上升，所以可認定市場**已從下跌趨勢轉換為上升趨勢**。

型態 A

起初是
下跌趨勢

b

d

由於已經刷新
高點，故認定
為上升趨勢

e

c

f

接著是**型態B**（次頁圖）。

這一次要判斷趨勢轉換時，必須再加上**「回檔低點」**或**「反彈高點」被刷新的條件**。

在本題的例子中，因為起初是下跌趨勢，所以要找出**匯率觸及最低點前的高點（反彈高點）在哪裡**。

於是，因為最低點是c，而c的前一波高點是b，故**高點b是反彈高點**，也是判斷趨勢轉換的重要水位。

然後，使用型態B分析趨勢後，發現匯率在觸及低點c後，回升到高點d，接著又下跌到低點e後突破了高點d。型態A此時已認定市場轉為上升趨勢，但在型態B中此時仍是下跌趨勢。

之後，**直到回檔高點b被突破刷新，我們才能認定市場已從下跌趨勢轉換到上升趨勢**。

道氏理論對趨勢轉
換的判斷分成2個
流派！

型態B

反彈高點

b

d

f

因已刷新反彈高
點，故認定為上
升趨勢

此時仍不是上升趨勢

e

c

貫徹始終地運用道氏理論很重要

　　一如方才的說明，儘管同樣是道氏理論，但型態A和型態B在同一時間點對趨勢的認識卻完全相反。

　　那麼，究竟哪種看法才是對的呢？

　　很遺憾，**道氏理論的提出者查爾斯・道**（1851～1902年）本人對自己的理論沒有留下任何著作，整個理論都是由後人整理而成並命名的。因此，這個問題並不存在「唯一的正解」，不同流派的投資者看法都不一樣。

　　不過，**道氏理論的運用重點**並非尋找絕對正確的答案，而是一旦決定了所採用的思考流派和手法後，**就貫徹始終地使用它**。

　　譬如一旦決定採用型態A，就不能因為後來改變想法而中途改用型態B，應該一直貫徹型態A分析下去。

　　採用型態B的時候也一樣，應該一直把型態B用到底。

　　至於本書則基於日本技術分析協會編著的《日本技術分析大全》（暫譯，日本經濟新聞社）對道氏理論賣出訊號的解說，**選擇型態A的判斷方式**。順帶一提，我自己在實戰時也是使用型態A。

採用型態 A 時判斷趨勢轉換的方法

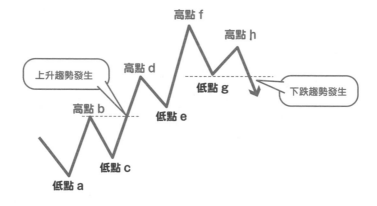

上升趨勢➡下跌趨勢

高點 f
高點 h
上升趨勢發生
高點 d
低點 g
高點 b
下跌趨勢發生
低點 e
低點 c
低點 a

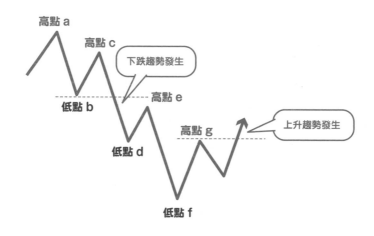

下跌趨勢➡上升趨勢

高點 a
高點 c
下跌趨勢發生
低點 b
高點 e
高點 g
上升趨勢發生
低點 d
低點 f

演 練 題

7

學習客觀定義
高點、低點的方法

Q 請用日線圖認識市場環境，並判斷趨勢，畫出水平線、趨勢線。請問此時，在1小時線圖上應該選擇買進或賣出？

長期線 澳幣／美元 **日線圖**（2018年3月1日～2018年10月12日）

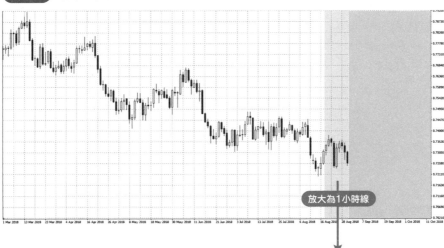

放大為1小時線

短期線 澳幣／美元 **1小時線圖**（2018年8月20日～2018年8月30日）

請認識長期線的市場環境，思考適宜的買賣方向

在日線圖上，根據道氏理論，由於高點e→g、低點f→h同步下跌，故為下跌趨勢。匯率雖然一度向上穿過水平線Ⓑ，但又再度跌破，沒有形成阻礙，所以此時應該找機會賣出。

長期線 澳幣／美元 **日線圖**（2018年3月1日～2018年10月12日）

再次被市場注意，復活為抵抗線

旗型

箱型

短期線 澳幣／美元 **1小時線圖**（2018年8月20日～2018年8月30日）

在長期線圖中畫出的水平線，雖然數度被突破，但後來又重新被市場注意，成為抵抗線

掌握下跌趨勢線和水平線

在道氏理論中，如同前面的說明，只要**高點、低點同步下跌，即可判斷為下跌趨勢**。

連接高點a-b-c可畫出**下跌趨勢線Ⓐ**。這是一條在日線圖上的趨勢線，所以要留意**匯率上漲到這條線附近時會遇到賣壓**。

另外，匯率跌破由低點d、f連成的**水平線Ⓑ**，碰到低點h後，又數度上下穿越這條線，最後重新跌回線下。

考慮到當前的市場狀態是下跌趨勢，並且圖中不存在會阻礙下跌的支撐，故此時應該**在短期線圖上尋找賣出的時機**。

此外，雖然跟題目沒有直接關係，但本回的圖表中也出現了**「旗型」**和**「箱型」**這2種線型，就順便認識一下吧。

過去生效過的水平線仍可能再次發威

水平線Ⓑ在匯率**由低點h到高點i的過程中喪失了反轉機能**，但隨後**又在高點j的位置再次發揮抵抗作用**，反轉了匯率走勢。

由此可見，過去曾發揮過支撐抵抗功能的水平線，常常出現乍看之下已經喪失作用，之後又重新被市場注意而使匯率走勢反轉的情況。

因此，在長期線圖畫出來的水平線應盡可能保留，至少要知道大概的位置。

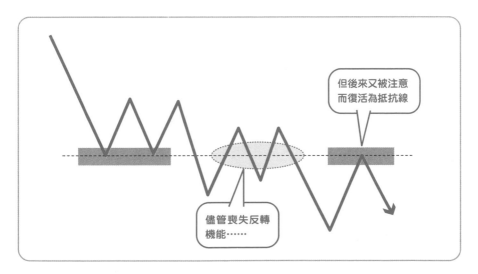

但後來又被注意
而復活為抵抗線

儘管喪失反轉
機能……

高低點的定義方法不同，對趨勢的解讀也不一樣

在前面的解題過程中，不知道有沒有人產生過下面的疑問呢？

「道氏理論的高點和低點究竟該怎麼決定呢？」

在道氏理論中，只要**高點、低點同步上升的話就是上升趨勢，同步下跌就是下跌趨勢**。

雖然講起來非常簡單，但應用在實際的K線圖上，常常會遇到匯率的走勢太過複雜，**不知道該把哪裡當成高點、哪裡當成低點的情形**。

而且，若每個人對高點和低點的定義不一樣，對趨勢的判斷也會有所不同。

舉例來說，像下圖不論採用**狹窄的高低點間隔**或**寬鬆的高低點間隔**，都能應用道氏理論來判斷趨勢。然而，在寬鬆高低點間隔的角度下，當前的市場是整理行情，但在狹窄高低點間隔的角度下卻是上升趨勢，有時會遇到這種出現不同結論的狀況。

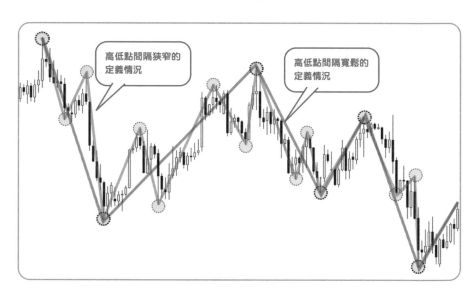

道氏理論定義高低點的2種方法

很遺憾，道氏理論中並沒有「高點和低點應該這樣定義」的統一規則。因此，高點和低點的定義並沒有正確答案，說得極端一點，**只要自己認為這是高點和低點，那麼這就是正確答案**。

然而，這並不是說你可以憑當下的感覺來分析市場，有時候覺得這個線型是上升

趨勢，有時候又把同一個線型當成下跌趨勢。

　　使用技術分析認識市場環境的時候，**一定要每次都使用統一的規則來做判斷**。

　　所以，我們將介紹下面2種可以客觀定義道氏理論的高點、低點的方法。

❶ **用K線數量定義的方法（swing high、swing low）**

❷ **用價差幅度定義的方法**

檢查高點左右的n條低K線來決定高點

　　第一種方法，是**「若該高點的左右有n條低於此點的K線，則此點為高點」的定義方式**。這個方法叫做**「swing high」**。

　　譬如若定義「n＝5」，則在下圖左側，因為左右各有5條高度低於自己的K線，所以這條K線就是高點。

　　另一方面，在下圖的右側，因為在高點形成後只有3條K線低於此點，第4條K線刷新了前面的高點，因此不符合「高點兩側各有5條低於自己的K線」這個條件，不能視為高點。

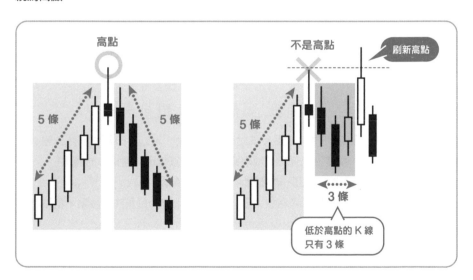

低點也一樣，**低點的左右需存在n條高於此點的K線，才能視為低點**。這個方法叫做「**swing low**」。

這裡也一樣，當定義「n＝5」時，在下圖的左側，因為左右各有5條高於低點的K線，所以可以定義為低點。

另一方面，在下圖的右側，因為在低點形成後只有3條K線高於此點，第4條K線刷新了前面的低點，所以不能把此點當成低點。

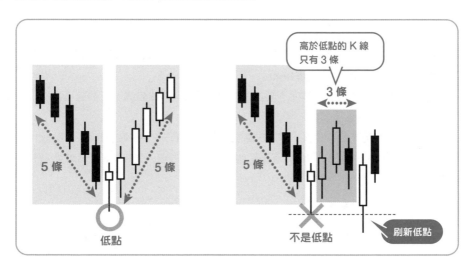

「n＝6」很有名，但實際上4條以上理想

n的數字愈大，道氏理論的高點和低點間隔就愈大，可以找出長期宏觀的趨勢。相反地減少n的數字，則高點和低點的間隔愈狹窄，可以找出短期細微的趨勢。

據說美國知名的投資家**拉里・威廉斯**將n定義為「**6條**」。

不過，在實戰中6條的間距常常會太廣，所以在用K線的數量決定高點、低點時，請以「4～5條」為基準吧。

用K線數量定義的方法
・檢查高點（低點）的左右是否有n條低於（高於）此點的K線
・以「n＝4或5」為基準

檢查距離前波高點（低點）的價差是否夠大

決定高點和低點的第二種方法，則是用「**與前次高點（或低點）的價差是否超過一定值**」來當條件。

譬如在下圖的例子中，**以10pips為價差標準時**，由於**低點2**和**低點1**的價差只有5pips，所以**不能視為道氏理論中低點上升的情況**。

另一方面，**低點3**的**價差有15pips**，距離前一個低點相差超過10pips，所以**可以視為上升的低點**。

然後，**低點1**和**低點3**之間的高點只要找出位置最高的K線即可，也就是**高點2，當匯率突破這個水位的那一瞬間，就已經確定高點和低點同步上升，可以判斷為上升趨勢**。

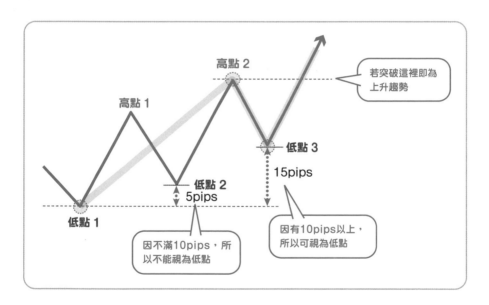

下跌趨勢的情況也完全一樣（次頁圖）。

由於**高點1**和**高點2**的價差不滿10pips，所以**高點2**並非道氏理論的高點。而**高點3**距離**高點1**相差10pips以上，所以**高點1→高點3**可視為**下跌**。

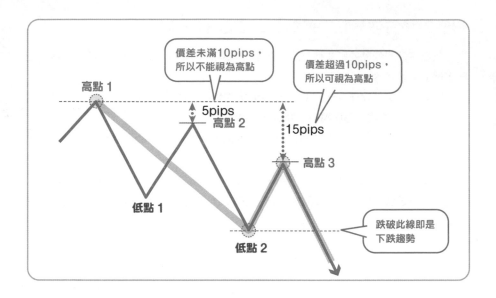

用價差定義的方法

- 檢查高點（低點）的價差是否超過一定值
- 以價差「10pips以上」為標準（有的貨幣可以設定成20pips以上）

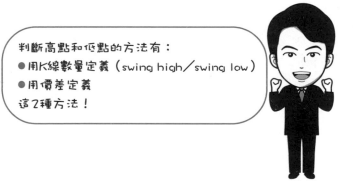

演練題

8

整理行情中
最好的選項是等待

Q 請用日線圖認識市場環境，並判斷趨勢，畫出受到市場注目的水平線
及趨勢線。請問此時，在1小時線圖上應採取何種行動？

※請用「5條」K線法來決定高點和低點。

長期線 英鎊／美元 **日線圖**（2017年5月19日～2018年1月22日）

放大為1小時線

短期線 英鎊／美元 **1小時線圖**（2017年11月20日～2017年11月29日）

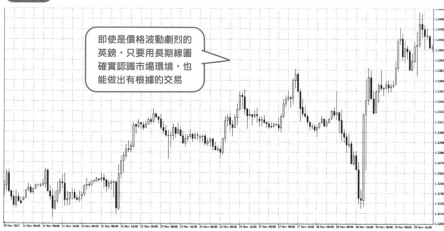

即使是價格波動劇烈的
英鎊，只要用長期線圖
確實認識市場環境，也
能做出有根據的交易

在日線圖上用道氏理論分析趨勢，高點c→e雖然是上升的，但低點 b→d卻沒有變化，故為整理行情。由於沒有明確的趨勢，所以靜觀 其變才是正解。假如要買進的話，最好等待水平線Ⓐ發生支撐抵抗轉 換。

長期線 英鎊／美元　**日線圖**（2017年5月19日～2018年1月22日）

短期線 英鎊／美元　**1小時線圖**（2017年11月20日～2017年11月29日）

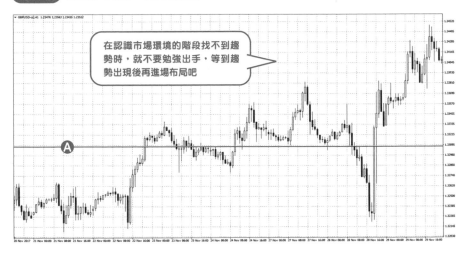

在認識市場環境的階段找不到趨 勢時，就不要勉強出手，等到趨 勢出現後再進場布局吧

連續出現2次高點時的應對方法

本題的日線圖價格變化稍微複雜一點，是不是有點不曉得哪個才是道氏理論的高點和低點呢？

首先，讓我們使用61頁介紹的**「用K線數量定義高低點的方法（swing high／swing low）」**來小心找出高點和低點吧。

依照題目給出的條件**「K線數＝5條」**，日線圖的虛線範圍中的高點和低點分別如下圖所示。

圖中，在低點**B**出現後，連續出現了高點**C**和高點**D**。像這種高點連續出現的情況，為了找出道氏理論的波段，**請選擇最高的高點**。

在本題的情況中，低點**B**和**E**之間**最高的高點**是**C**，故可以從**A-B-C-E-F**看出高點和低點的動態。

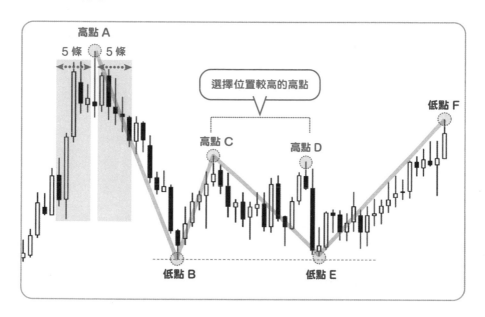

※低點E的價格雖然比低點B略高，但幾乎落在相同水位，所以視為沒有變化。

在n＝4的條件下用道氏理論分析趨勢

　　作為參考，下圖順便畫出了**以4條K線為標準，縮小間隔時**的高點和低點位置。跟以5條為標準時相比，**波形變細了很多**。

　　而在分析趨勢時，由於低點F→H、高點G→I同步上升，所以可判斷是上升趨勢。

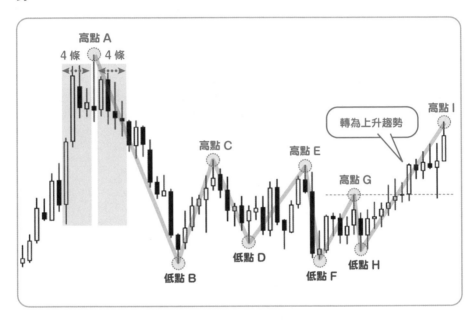

　　就如至今為止的說明，使用道氏理論時，在判斷高低點和趨勢的時候，難以避免地會摻入主觀的判斷。

　　但是，各位不需要對此感到不安。重要的是**隨時保持分析的一致性**，如果真的**遇到無法判斷的情況，就選擇靜觀其變**。

　　在不好判斷的場面沒有必要勉強出手。當你看不出來市場到底是什麼趨勢的時候，其他投資人也跟你一樣迷惘。

　　只在可以輕易看出趨勢的時候進場一決勝負，乃是提高勝率的重要法門。

實現優勢交易的方法

Q 請用日線圖認識市場環境,並判斷趨勢,畫出受到市場注目的水平線和趨勢線。請問此時,在1小時線圖上應該採取何種行動?

長期線 英鎊／美元 日線圖 (2017年10月2日～2018年6月5日)

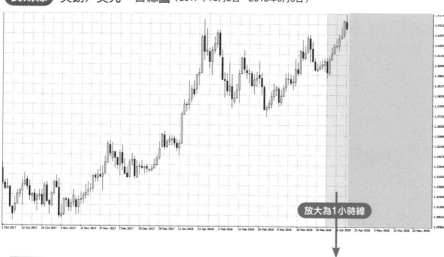

放大為1小時線

短期線 英鎊／美元 1小時線圖 (2018年4月6日～2018年4月18日)

雖然很明顯是強勁的上升趨勢,但看日線圖的話就會發現是買進風險很高的局面!

A 高點b→d、低點a→c都往上升，所以是上升趨勢。可以低點f為起點畫出上升趨勢線**B**。然而，連接高點e和d也能畫出抵抗線**A**，可看到轉跌的徵兆，所以選擇觀望會比較好。

長期線 英鎊／美元 日線圖（2017年10月2日～2018年6月5日）

短期線 英鎊／美元 1小時線圖（2018年4月6日～2018年4月18日）

只要看出日線圖上的抵抗線，就會察覺在此買進的危險性

等匯率突破關隘後再進場交易

寫過這麼多演練題之後，相信這題應該難不倒各位才對。

雖然根據道氏理論**一眼就能看出這是上升趨勢**，但有**看到抵抗線Ⓐ的話，就不會選擇在此買進**。

還有，當抵抗線和上升趨勢線形成包夾的形勢時，往往會在價格突破任一方後出現趨勢，所以在突破之前**最好選擇觀望**。

在這題中如果要逆勢賣空，則必須考量匯率在上升趨勢線上再度反彈的風險。

遇到這樣的場面，在還不確定價格會往哪邊走的時候暫時靜觀其變，等價格向上突破抵抗線時選擇買進，或在跌破上升趨勢線時選擇賣出，就可以提高勝率。

換言之，在不確定價格會往哪邊突破時，應該耐心觀望。

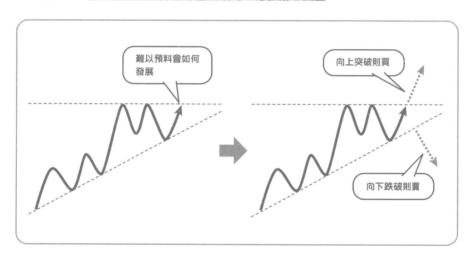

難以預料會如何發展

向上突破則買

向下跌破則賣

找出優勢進場點的步驟

然而在實際的交易中，有時就算大腦知道不該出手，人們還是常常會被眼前的利益沖昏頭，無法冷靜地分析，在本題這種價格鄰近**抵抗線**時進場買進。

買賣外匯並不是單純增加交易的次數就能夠提高獲利。

能否在無數可能獲利的機會中，**只挑優勢特別高的進場點出手非常重要。**

無法在外匯保證金投資中獲利的人，絕大多數都有頻繁進場的習慣。然而太頻繁地進場，像這次這種高風險低效率交易的次數也會增加，這點還請銘記在心。

以下是用長期線圖認識市場環境時一定要檢查的幾個重點。

認識市場環境時的檢查重點

☐ 當前匯率的上方是否存在抵抗線？

☐ 當前匯率的下方是否存在支撐線？

☐ 能否畫出趨勢線？

☐ 長期線圖上是否存在趨勢？

☐ 買賣方向上是否存在會構成障礙的線？

☐ 若存在障礙線，距離是否遙遠？

光是照著上述重點檢查一遍，相信就能大幅改善投資的成績喔。

演練題 10 抓住突破抵抗線後的第2波

Q 請用4小時線圖認識市場環境，並判斷趨勢，畫出水平線。請問此時，在30分線圖上應採取何種行動？

長期線 英鎊／美元　**4小時線圖**（2019年10月29日～2019年12月6日）

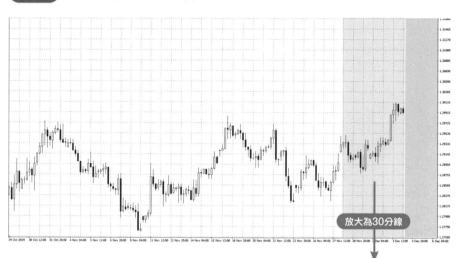

放大為30分線

短期線 英鎊／美元　**30分線圖**（2019年11月28日～2019年12月4日）

> 是很明顯的上升趨勢呢。
> 請在4小時線上找出障礙線的位置，
> 判斷是否可以買進吧

根據道氏理論，因為高點e→g、低點d→f同步上升，故為上升趨勢。

同時，匯率已向上突破高點a-b-c連成的抵抗線Ⓐ，後面也沒有會形成

阻礙的線，所以可進場買進。

長期線 英鎊／美元 **4小時線圖**（2019年10月29日～2019年12月6日）

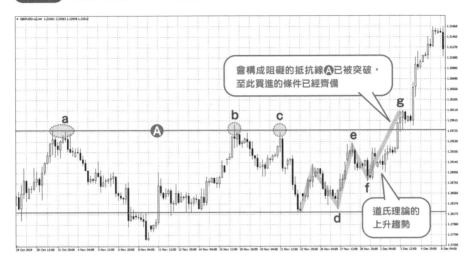

會構成阻礙的抵抗線Ⓐ已被突破，至此買進的條件已經齊備

道氏理論的上升趨勢

短期線 英鎊／美元 **30分線圖**（2019年11月28日～2019年12月4日）

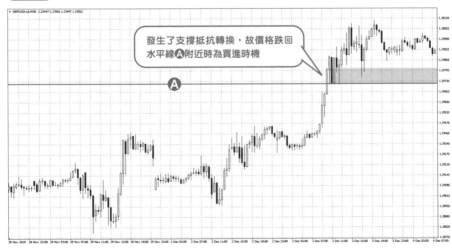

發生了支撐抵抗轉換，故價格跌回水平線Ⓐ附近時為買進時機

支撐抵抗轉換後的第2波是高勝算的絕好時機

根據道氏理論，由於高點e→g、低點d→f同步上升，可以判斷本題的趨勢是**上升趨勢**。

演練題9是匯率突破抵抗線前的狀態，但本回則是**突破抵抗線後的發展**。

同樣是上升趨勢，演練題9和10的市場環境完全不同，由於第10題中**不存在會阻礙上升趨勢的抵抗線，所以可以積極買進**。

還有，一如在演練題6中也解說過的（參照51頁），抵抗線一旦被突破，就會轉換成買壓較高的支撐線。

因此匯率靠近這條支撐線後反彈的時機便是絕佳的買點。

實際觀察4小時線圖，匯率在向上穿越已反轉過數次的抵抗線Ⓐ後，留下了數條長下影線的K線，可見此處的買壓很強勁。

了解支撐抵抗轉換的發生機制

話說回來，到底為什麼水平線一旦被突破之後，**會發生機能反轉的支撐抵抗轉換現象呢**？

這點可以從**投資人的群體心理**來理解。

下一頁的圖解釋了抵抗線被突破後，同一條線轉換成支撐線的機制。

首先，當匯率鄰近抵抗線時，預期匯率會在這條線轉跌的投資人會在此時**進場賣空**（①）。

然而，結果出乎意料，匯率向上突破了抵抗線。此時，在①**處做空的投資人全都出現帳面虧損**（②），只能選擇停損或繼續觀望。

選擇停損的投資者屬於跑得比較快的投資者，他們停損的買單會推動匯率更加往上升。

另一方面，**沒有停損的投資者在看到匯率更加上升，帳面虧損變得更大之後，會祈禱匯率能盡快跌回進場時的水位**。

之後，當運氣好匯率終於回到水平線附近時，原本出現帳面虧損被套牢的空方投資者會趁這次機會**買回合約**（③）逃跑。

因為匯率再漲下去的話，可能將會蒙受難以挽回的損失，所以空方此時應該都鬆了一口氣。

接著，這次會換想趁匯率在支撐線上反彈時撈一筆的**新進買單**（④）進場。

換言之，當匯率靠近支撐線時，原本持有賣倉的投資者會在此時「**買回（停損或損益兩平）**」，而新進場的投資者也會在此時「**買進**」，2種買壓同時出現在支撐線

附近，**推動匯率上升**。

　　這就是**支撐抵抗轉換的發生機制**。

　　支撐抵抗轉換後的第2波，趨勢大多會維持不變，可說是只要搭上就能獲利的極佳機會。

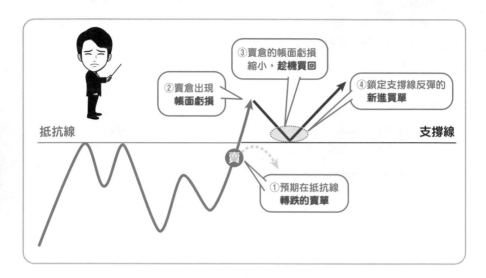

Chapter3

圖表分析
進場時機篇

在Chapter3我們將解說認識市場環境後，應該如何尋找「進場時機」。
請用短期線圖尋找有優勢的高勝率進場點，並只在此時進場交易吧。

在認識市場環境後
尋找進場點

認識順勢交易的線型

　　一如在Chapter2的解說，投資外匯保證金的流程是**先用長期線圖認識市場環境**，然後再**換成短期線圖尋找進場時機**，活用**「多時間框架分析」**。

　　若**長期線是上升趨勢**，則短期線上應該選擇**買進**，不應冒著高風險逆著長期線的主要趨勢進行賣出。

　　同樣的，若**長期線是下跌趨勢**，則短期線應該選擇**賣出**。

　　然後，這裡有一個非常重要的重點，那就是當長期線的趨勢沒有明確的上升或下跌時，就要**停止交易等待長期線上產生明確的趨勢**。**不賺錢的投資者都有個通病**，那就是從來不**「等待」**，只要一看到線圖就以為所有的價格變動都是機會。

　　然而，這純粹是被慾望沖昏了頭，失去冷靜判斷的能力，大幅降低自己勝率的愚蠢行為。

　　在外匯保證金交易中，交易的機會多不勝數，所以如何**只挑出高勝率的進場點**非常重要。

　　而本書將介紹3個在用長期線圖認識趨勢後，用短期線圖找出高勝率進場時機的方法。

　　只要鎖定這3種時機全力進攻，相信你的勝率一定會有驚人的提升。雖然有點麻煩，但為了防止之後的講解產生混亂，在開始之前請各位先記住下面幾個常用詞的意思。

名詞定義解說：

❶**反彈**：原本下跌的價格轉為上升

❷**反跌**：原本上升的價格轉為下跌

❸**反轉（轉換）**：價格朝與過去相反的方向移動，可以指反彈也可以指反跌

用長期線認識趨勢
→用短期線進場
我將藉此傳授各位3
個戰勝市場的重點！

可提高勝率的3個穩健做多時機

以下是**短期線圖上不可錯過的3個買進時機：**

❶**支撐抵抗轉換後的反彈**

❷**上升趨勢線上的反彈**

❸**價格突破下跌趨勢線後的第2波**

如下圖所示，以下將使用多時間框架，同時使用長期線和短期線來講解。首先，**在長期線處於道氏理論的整理行情或下跌趨勢時**，短期線對應的是「觀望」或「賣出」的區塊。

在這個區塊內，只能選擇觀望或賣出，不可以買進。

然後，當價格突破**高點a**時，短期線圖的**低點和高點同步上升**，轉換成了上升趨勢，故在短期線圖上進入了可**「買進」**的區塊。

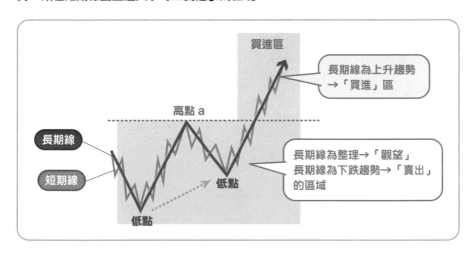

此時，雖然長期線已變成了上升趨勢，但並不是說隨時都適合進場。的確，只要長期線之後仍維持上升趨勢，不管在哪裡進場，最後都還是可以獲利。

然而另一方面，如果預測錯誤，上升趨勢沒有維持下去的話，太過隨便的進場行為可能會使得進場價格不佳，平白增加停損的損失。**唯有在長期線上確定已轉入上升趨勢，並在短期線上找出勝率最高的進場點**，才能實現高勝率的投資。

那麼，下面我們來詳細講解各個買點。

買點①

買點①是水平線的**支撐抵抗轉換後的反彈點**。

這是許多常勝投資人都會鎖定的進場點,由於抵抗線被突破,空方的勢力減弱,新買進的投資人也會增加。

雖然不管長期線的市場環境如何,光是發生支撐抵抗轉換就已經能保證一定程度的勝算,但**在轉換方向與長期線的趨勢相同時進場**,可以搭上主要趨勢的大浪,使你的投資更有優勢。

買點②

買點②是**價格在上升趨勢線上的反彈**。上升趨勢線雖然不一定能畫得出來,但在**能畫出來的時候就是絕佳的進場機會**。

另外,由於長期線處於上升趨勢,短期線則正值回檔,所以在進場價格上也十分有利,可以排除掉追高的風險。

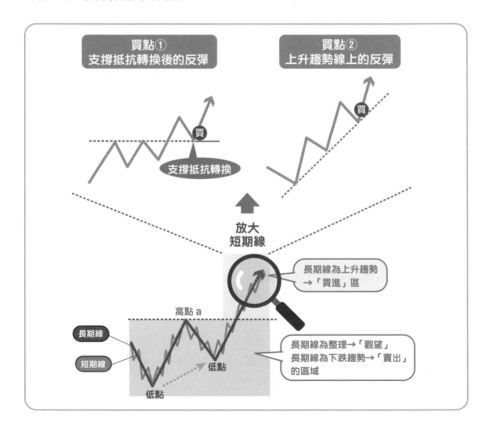

買點③（次頁圖）

買點③則是價格突破下跌趨勢線後的第2波。

首先，長期線如下圖所示，在向上突破高點a時是上升趨勢，但有時候會發生價格又跌回高點a下的情況。

此時，**只要價格沒有跌破低點b，或是出現高點、低點下跌的情況，上升趨勢就不會中斷**，所以是**可以買進的區域**。

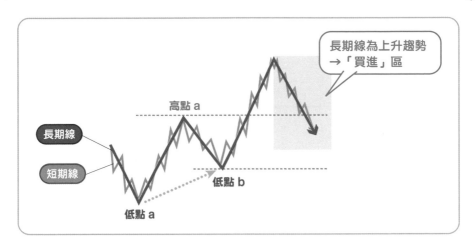

放大為短期線圖，畫出下跌趨勢線，在價格突破該線之後買進，就是**買點③**。

這裡要注意的是，應該避免在價格向上站回下跌趨勢線上後就立即買進。這是因為趨勢線的突破只是代表趨勢的勢頭減弱，並非表示趨勢轉換，所以仍存在假訊號的風險。

因此，下跌趨勢線被突破後的買點，是在**回跌後的第2波和短期線上出現道氏理論高低點同步上升，轉換為上升趨勢的時間點**。

回跌不一定會來到趨勢線附近。有時回跌的幅度也可能很小，距離趨勢線很遠，或是幾乎沒有什麼回跌。

當有明顯回跌且價格在趨勢線上反彈的話，就是絕佳的第2波買點；而如果沒有出現回跌的話，則可依道氏理論在短期線的上升趨勢確定時進場。

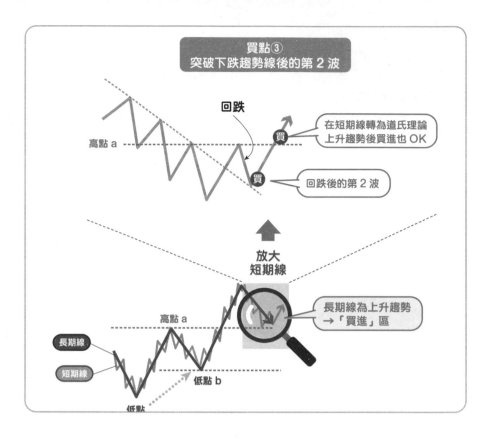

買點③
突破下跌趨勢線後的第2波

回跌

在短期線轉為道氏理論
上升趨勢後買進也 OK

買

回跌後的第 2 波

高點 a

放大
短期線

長期線為上升趨勢
→「買進」區

長期線

短期線

高點 a

低點 b

低點

可提高勝率的3個穩健做空時機

至於賣點的部分也跟做多時一樣有以下3個：

❶支撐抵抗轉換後的反跌
❷在下跌趨勢線上的反跌
❸跌破上升趨勢線後的第2波

做空跟做多一
樣，有3個賣
出時機。

賣點①和②

當長期線在下跌趨勢的區塊時，賣點①位在水平線的**支撐抵抗轉換的反跌處**，賣點②則在**下跌趨勢線上的反跌處**。

若長期線是**整理或上升趨勢**，即使短期線上出現上述的型態也**不可以做空**。

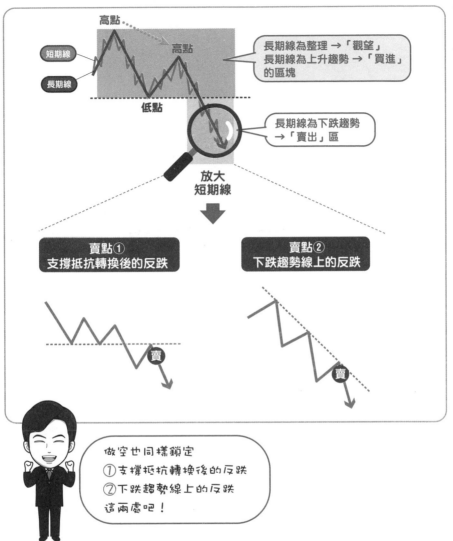

賣點③

　　而賣點③則是在長期線的下跌趨勢中，**趁著暫時性的反彈（上升），鎖定短期線價格跌破上升趨勢線後的第2波**。

　　只要長期線上高點和低點仍同步下跌就仍是下跌趨勢，故此時應伺機做空。請不要看到長期線出現短暫的反彈就貿然買進。

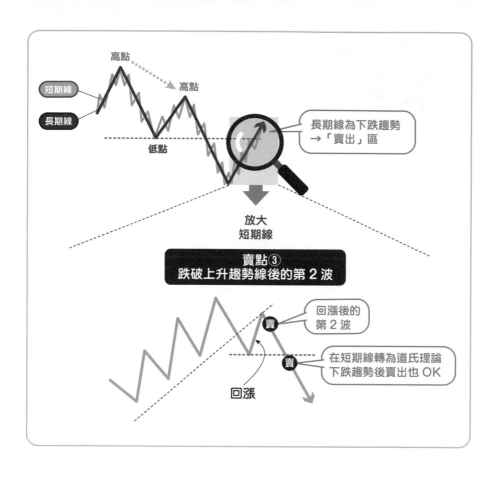

※演練題的注意點

第3章的演練題在運用道氏理論判斷趨勢時請全部使用以下條件判斷。

・**K線數為5的swing high／swing low**

Chapter 3

演練題

1

在上升趨勢的
調整波中做多

Q 請用4小時線圖認識市場環境，並判斷趨勢，畫出水平線和趨勢線。然後，請在15分線圖上畫線找出進場點。

長期線 美元／日圓 **4小時線**圖（2020年2月26日～2020年4月6日）

放大為15分線

短期線 美元／日圓 **15分線**圖（2020年3月13日～2020年3月17日）

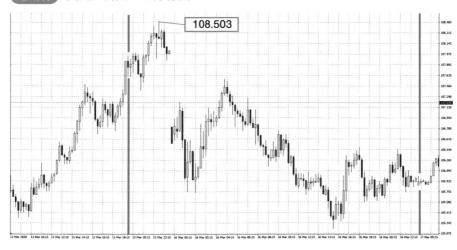

4小時線的趨勢為上升趨勢，在108.503日圓處可畫出水平線。在15分線圖上匯率突破下跌趨勢線後的第2波可進場做多。

4小時線的解說

認識趨勢

在4小時線圖上運用道氏理論判斷趨勢，匯率在到達最低點**a**後，高點**b**、低點**c**、高點**d**皆同步上升，可確定是上升趨勢。

同時，放大為15分線圖後，可發現該區域正好是上升趨勢中的暫時回檔部分，且上升趨勢仍未結束。因此，在短期線圖中是可以進場的時候。

認識支撐和抵抗

高點**e**、**f**、**d**可以連成**抵抗線Ⓐ**。

雖然最後位於108.503日圓位置的抵抗線Ⓐ在匯率漲破高點**d**的過程中被衝破了，但在15分線圖上進場買進時，可以把這個位置當作停利水位。實際上，匯率在**C**點處的陽線後的確出現了一條陰線，遇到抵抗一度反跌。

另外，以低點**a**為起點連到低點**c**，還能畫出**上升趨勢線Ⓑ**，所以我們可活用這條線來選擇買點並預測趨勢轉換的時間。

長期線 美元／日圓 **4小時線圖**（2020年2月26日～2020年4月6日）

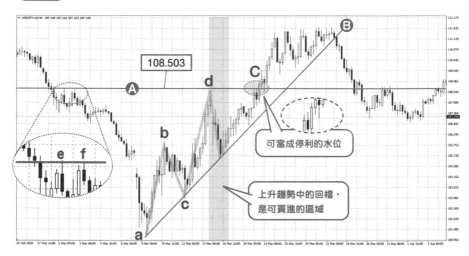

15分線的解說

　　在用4小時線圖認識完市場環境後，接著放大成15分線圖，可在108.503日圓的水位看到**抵抗線Ⓐ**。只看15分線圖的話很難發現這條線，可見使用長期線圖認識環境確實能大幅改善交易的品質。

　　回歸正題，匯率在15分線圖上於抵抗線Ⓐ觸及高點a之後，一口氣跳空開始大幅下跌。

　　在這個場面下，雖說長期線圖是上升趨勢，但貿然進場買進還是很危險。因為上升趨勢並不是百分之百的保證，且上升趨勢也有可能從這裡開始轉為下跌趨勢。

　　要想進場買進，仍需要足夠的證據支持。

　　隨後，匯率在觸及高點b後，順著**下跌趨勢線Ⓑ**依序留下高點c、d後下跌。

　　換言之，如果15分線圖上的匯率持續順著下跌趨勢線下跌，長期線圖的上升趨勢很可能會就此消失；相反地，若匯率能向上突破下跌趨勢線，則長期線圖的上升趨勢維持下去的可能性就很高。

短期線 美元／日圓　**15分線圖**（2020年3月13日～2020年3月17日）

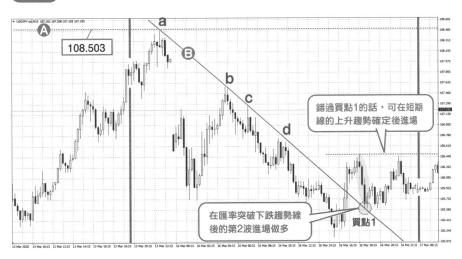

　　在本題的例子中，匯率最終向上突破了下跌趨勢線，使下跌力道減弱。此時，一如前面的講解，不可以在剛突破下跌趨勢線的瞬間就馬上買進。

　　這是因為根據道氏理論，短期線的下跌趨勢此時還沒有結束，而且我們也沒有趨勢會就此反轉的證據。

要買進的話，應該**等待回跌後的第2波**，或是確認**短期線圖上出現道氏理論的趨勢轉換**。

　　這次在匯率向上突破下跌趨勢線後，很快就出現了**回跌**。之後，我們就可以在匯率於下跌趨勢線上反彈時**進場做多（買點1）**。

　　簡直就像是從教科書上抄下來的完美發展。

　　如果錯過回跌後的第2波，或是根本沒有發生回跌的話，就不要再急著進場。

　　在此時進場的話，最壞的情況可能會變成追高而買到不好的進場價格。如此一來，只要匯率稍微往反方向移動，就會讓你感到焦慮不安而忍不住停損，結果在停損後匯率又馬上掉頭往自己預想的方向走，讓這筆交易完全亂了陣腳。

　　遇到這種情況，請保持冷靜，等到15分線圖的價格轉為道氏理論的上升趨勢後，再來慢慢尋找進場時機。

> 在匯率向上突破下跌趨勢線，且發生回跌後再次反彈時買進吧！

在匯率突破長期線圖的
抵抗線後做多

Q 本題接續演練題1。請用4小時線圖認識市場環境，並判斷趨勢，畫出水平線和趨勢線。然後，請在15分線圖上畫線尋找進場點。

長期線 美元／日圓 **4小時線圖**（2020年2月27日～2020年4月10日）

High 108.503

放大為15分線

短期線 美元／日圓 **15分線圖**（2020年3月18日～2020年3月20日）

108.503

在4小時線圖上依然維持上升趨勢。而在15分線圖上，108.503日圓的水平線和上升趨勢線發生交會，是絕佳的買進時機。

4小時線的解說

認識趨勢

如同在演練題1的解說，高點b→d、低點a→c同步上升，市場正值**上升趨勢**。

之後，匯率在碰到低點e後，直到到達高點f為止，低點都沒有刷新，不斷上升，代表**上升趨勢持續**，屬於**可買進的區域**。

認識支撐和抵抗

這裡同樣可畫出108.503日圓的**水平線Ⓐ**，以及以低點a為起點，連到低點c、e的**上升趨勢線Ⓑ**。

如此便完成了長期線圖上的趨勢判斷和認識支撐抵抗的市場環境確認工作，接著換到短期線圖上尋找進場點吧。

長期線 美元／日圓 **4小時線圖**（2020年2月27日～2020年4月10日）

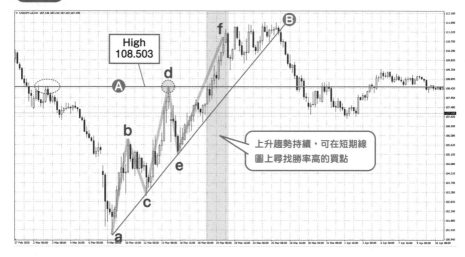

15分線的解說

在本題的15分線上，能否在4小時線圖中找到**108.503日圓的水平線Ⓐ**是勝負的關鍵。

假如沒有發現水平線Ⓐ，就在匯率與水平線重合的D區進場買進，就相當於自尋死路。

還有，圖中可以畫出以低點g為起點的**上升趨勢線Ⓒ**，但E的反彈處上方就是**帶有抵抗機能的水平線Ⓐ**，所以必須在此防範反跌的風險。

這條水平線Ⓐ是長期線圖中數度使匯率反跌的**強力抵抗線**，即使長期線圖呈現上升趨勢也應該避免買進，直到匯率向上突破水平線Ⓐ後再進場會比較有勝算。

在阻礙上升的障礙消失後，就可以毫無顧忌地尋找進場點了。

瞄準支撐抵抗轉換後的第2波

實際上，匯率雖然在D區一度反跌，但隨後仍向上突破了水平線Ⓐ。這裡在**支撐抵抗轉換後的第2波是絕佳的買區**，可以選擇在買點1的地方進場。

然後，這次的**買點1又在水平線Ⓐ和上升趨勢線Ⓒ的交叉點上**，所以不只有1個證據，而同時有2個證據支持。

像這種多條技術線交叉，**有2個以上證據支持**的場合，價格反轉的機率會更高，**是強力的反轉點**。

短期線 美元／日圓　**15分線圖**（2020年3月18日～2020年3月20日）

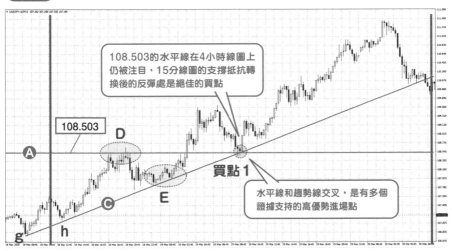

108.503的水平線在4小時線圖上仍被注目，15分線圖的支撐抵抗轉換後的反彈處是絕佳的買點

108.503

D

Ⓐ

E

Ⓒ

g　　h

買點1

水平線和趨勢線交叉，是有多個證據支持的高優勢進場點

注意長期線圖中顯眼的
最低點和最高點

Q 請用4小時線圖認識市場環境，並判斷趨勢，畫出水平線。然後，請在15分線圖上畫線尋找進場點。

長期線 美元／日圓 4小時線圖（2020年3月20日～2020年4月28日）

Low
106.919

放大為15分線

短期線 美元／日圓 15分線圖（2020年4月13日～2020年4月15日）

Low
106.928

A 4小時線圖上的趨勢為下跌趨勢，在106.919日圓處可畫出水平線。在15分線圖上的支撐抵抗轉換後的反跌，以及下跌趨勢線上的反跌處都可以進場做空。

4小時線的解說

認識趨勢

首先從高點a到低點b，然後從高點c到低點d，這個下跌的過程中高點和低點同步下跌，**產生了下跌趨勢**。

然而在這之後，匯率從低點d上升到高點e的過程中升破了高點c。此時下跌趨勢已然崩壞，變成了**整理行情**。

之後，匯率從高點e先碰到低點f和高點g後，又向下跌破了低點f，**再次發生下跌趨勢**。

換言之，**在題目所問的時間帶屬於適合做空的環境，可以放大到15分線圖來尋找進場時機**。

已經比較熟悉道氏理論的人應該都能瞬間判斷出這是下跌趨勢，而如果還是判斷不出來的話，建議翻回去前面一點的章節按照順序重新整理一下。

長期線 美元／日圓 4小時線圖（2020年3月20日～2020年4月28日）

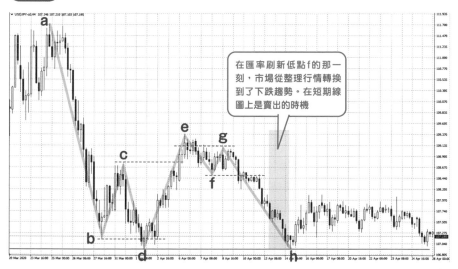

在匯率刷新低點f的那一刻，市場從整理行情轉換到了下跌趨勢。在短期線圖上是賣出的時機

認識支撐及抵抗

在用短期線圖尋找進場點之前，**還必須先檢查投資方向上有沒有會構成阻礙的長期線上的支撐或抵抗。**

所謂的支撐和抵抗，除了由2個高點或低點連成的水平線外，還包括長期線上最近的最低點和最高點。

在本題的圖表中，106.919日圓的低點**d**將是其他市場做空者停利的標準水位。

空頭部位的平倉是要買回合約，所以當大家一起停利時，自然會在該水位產生買壓，提高匯率反轉的可能性。

實際上，本題圖中的價格也的確在碰到低點**h**後漂亮地在106.919日圓的支撐線上反彈。

單看15分線圖或5分線圖的話，不會發現106.919日圓的支撐線存在，所以一定要先看過長期線圖掌握市場的大致狀態。

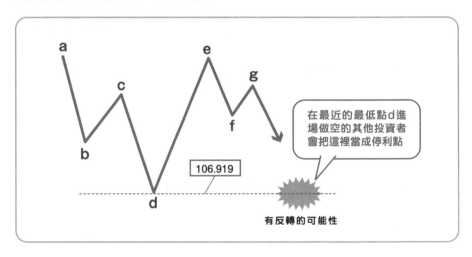

在最近的最低點d進場做空的其他投資者會把這裡當成停利點

有反轉的可能性

15分線的解說

因為在長期線圖上是下跌趨勢，所以在15分線圖上是可做空的場面。

低點**i**和高點**k**可以連成**抵抗線Ⓐ**。

這是一條**發生了支撐抵抗轉換的水平線**，所以匯率在這條水平線上的反跌處就是賣出時機（**賣點1**和**賣點2**）。

隨後，如下一張圖所示，圖中還可以畫出**下跌趨勢線Ⓑ**，所以萬一錯過了支撐抵抗轉換的時機也不用慌張，還可以在下跌趨勢線上的反跌處進場（**賣點3**）。

最後，儘管在15分線圖上沒有顯示，但在最低點106.928日圓的下方其實就是4

小時線圖中的最低點106.919日圓的支撐線，是空頭部位的停利位置。

短期線 美元／日圓 **15分線圖**（2020年4月13日～2020年4月15日）

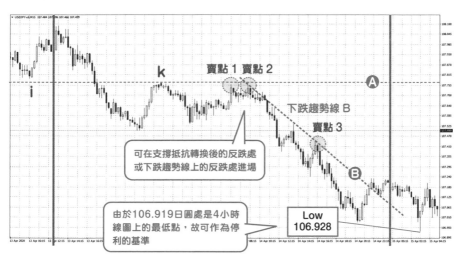

賣點 1 賣點 2

下跌趨勢線 B

賣點 3

可在支撐抵抗轉換後的反跌處
或下跌趨勢線上的反跌處進場

由於106.919日圓是4小時
線圖上的最低點，故可作為停
利的基準

Low
106.928

在發生支撐抵抗轉換的賣點
1、賣點2進場布局，如果
錯過的話就改為鎖定下跌趨
勢線B上的反跌吧！

演練題

4

做空時注意
長期線圖的支撐

Q 請用4小時線圖認識市場環境，並判斷趨勢，在主要的最低點畫出支撐線。然後，請在15分線圖上畫線尋找進場點。

長期線 美元／日圓　**4小時線圖**（2020年1月29日～2020年3月9日）

Low
109.663

Low
108.312

Low
108.303

Low
108.312

放大為15分線

短期線 美元／日圓　**15分線圖**（2020年2月27日～2020年3月2日）

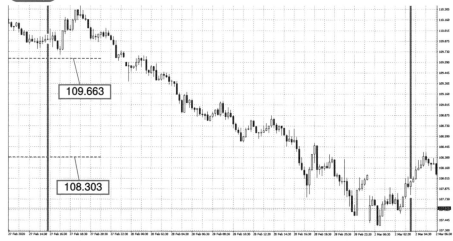

109.663

108.303

A 4小時線圖的趨勢為下跌趨勢，可在主要低點109.663日圓和108.303日圓處畫出水平線。在15分線圖上的支撐抵抗轉換後的反跌，以及下跌趨勢線上的反跌可以進場做空。

4小時線的解說

認識趨勢

用道氏理論判斷趨勢，匯率在碰到高點**a**後，下跌至低點**b**，接著在經過高點**c**後跌破了低點**b**，轉為下跌趨勢，可以在短期線圖上找機會進場做空。

認識支撐和抵抗

匯率在109.663日圓的水位多次反轉，可畫出**水平線**。

還有，在近期的最低點108.303日圓處，也有3條反彈的K線。

因此，在**15分線圖上賣出**後，可以考慮在108.303日圓附近**暫且停利**。

（※這次的匯率沒有明顯反彈，就跌破了108.303日圓。）

長期線 美元／日圓 **4小時線圖**（2020年1月29日～2020年3月9日）

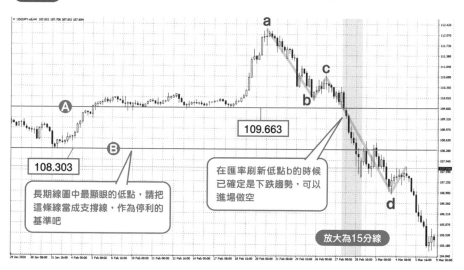

109.663

108.303

長期線圖中最顯眼的低點，請把這條線當成支撐線，作為停利的基準吧

在匯率刷新低點b的時候已確定是下跌趨勢，可以進場做空

放大為15分線

即使在下跌趨勢中也要小心隨時可能遇到支撐

這裡舉一個常見的失敗例子，就是在跌破低點b（109.891日圓）的時候就馬上進場做空。

如果有確實分析過長期線的4小時線圖，就會發現正下方的109.663日圓處有一條支撐的**水平線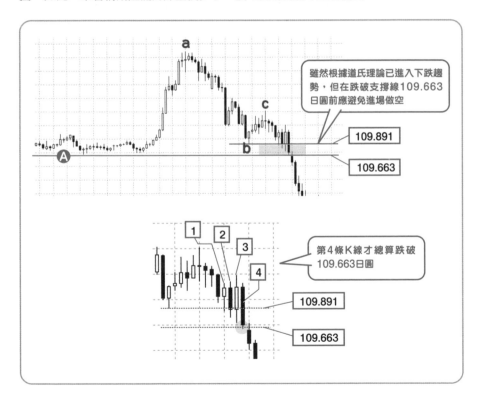**。

若是在109.663日圓～109.891日圓之間做空，由於109.663日圓的支撐線存在強大買壓，因此匯率有可能不會一如預期地下跌。

實際上在這次的題目中，下跌趨勢確定後，4小時線圖上的K線又在109.663日圓的支撐線上反彈了3次，直到第4條K線才終於跌破

在這種高危險的區域強行做空，只會徒然增加匯率不跌反漲、被迫停損的風險。

因此，此時應該謹慎觀望，**等到匯率跌破水平線Ⓐ（109.663日圓）後再進場賣出**，如此一來會構成阻礙的障壁便少了一個，交易的勝率也會更高。

雖然根據道氏理論已進入下跌趨勢，但在跌破支撐線109.663日圓前應避免進場做空

109.891

109.663

第4條K線才總算跌破109.663日圓

109.891

109.663

15分線的解說

一如長期線圖的解說，此時應該在**匯率跌破109.663日圓的水平線Ⓐ後，再尋找賣點**。

匯率跌破水平線Ⓐ後，支撐抵抗轉換後的反跌處（**賣點1**）是第一個進場點。

接著，把15分線圖中的⚬相連畫出水平線Ⓒ，匯率在這條線上的反跌處就是**賣點2**。

其他還可以高點**e**為起點，連接高點**f**畫出**下跌趨勢線Ⓔ**，這條線上的反跌處也是賣出的時機。

而且這次的下跌趨勢線Ⓔ還跟**發生支撐抵抗轉換的水平線Ⓓ交叉，這裡也是一個絕佳的賣點（賣點3）**。

水平線Ⓑ所在的108.303日圓這個水位，則是停利的基準線。

短期線 美元／日圓 **15分線圖**（2020年2月27日～2020年3月2日）

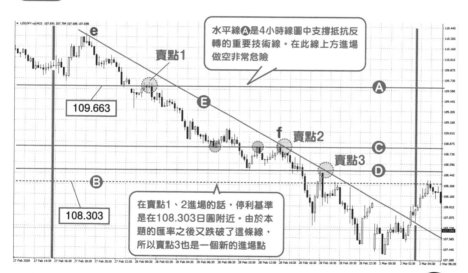

水平線Ⓐ是4小時線圖中支撐抵抗反轉的重要技術線。在此線上方進場做空非常危險

在賣點1、2進場的話，停利基準是在108.303日圓附近。由於本題的匯率之後又跌破了這條線，所以賣點3也是一個新的進場點

下跌趨勢線E跟3條水平線的交叉點都是賣出時機。

演練題

5

畫線時要保留
數pips的誤差空間

Q 請用4小時線圖認識市場環境,並判斷趨勢,畫出水平線。然後,請在15分線圖上畫線尋找進場點。

長期線　美元／日圓　**4小時線圖**(2019年10月17日～2019年11月26日)

Low
108.289

Low
108.251

放大為15分線

短期線　美元／日圓　**15分線圖**(2019年11月13日～2019年11月14日)

Low
108.244

4小時線圖上的趨勢為下跌趨勢，可在108.251日圓處畫出水平線。在15分線圖上可在支撐抵抗轉換後的反跌，以及下跌趨勢線上的反跌處進場做空。

4小時線的解說

認識趨勢

根據道氏理論，從高點**a**到低點**b**、高點**c**到低點**d**，高點和低點同步下跌，故為**下跌趨勢**。換言之，在15分線圖上可以做空。

作為參考，前一波趨勢的狀態為低點**a′**→高點**b′**、低點**c′**→高點**a**，高點和低點同步上升的**上升趨勢**。

按照52頁的解說，匯率在跌破低點**b**的那一刻就已經從上升趨勢轉為下跌趨勢，發生了**趨勢轉換**。

長期線 美元／日圓 **4小時線圖**（2019年10月17日～2019年11月26日）

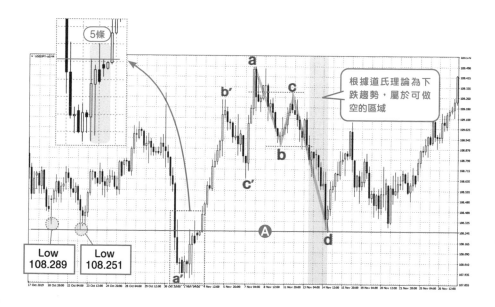

認識支撐和抵抗

在4小時線圖的左側，出現了帶有長下影線的108.289日圓和108.251日圓這兩個低點。這個水位上的買壓很強，只要畫出**水平線Ⓐ**就會知道。

隨後，匯率在下跌至低點**a**的過程中跌破了108.251日圓的水平線Ⓐ。仔細觀察的話，會發現這條水平線Ⓐ在被跌破後發揮了抵抗的作用，**在4小時線圖上阻止了5條K線的上升**（在第6條才被衝破）。

在長期線圖上出現這樣的攻防，代表下次匯率回到這個水位時，**有很高的機率會再次發生多空交戰**。

因此，必須把這條線當成支撐線。

15分線的解說

在確定長期線圖上的趨勢是下跌趨勢後，就可以在15分線圖上尋找賣出的時機（次頁圖）。

首先，低點**e**和低點**f**可以連出**水平線Ⓑ**。

隨後，在匯率跌破具有支撐作用的水平線Ⓑ後，**這條線就發生支撐抵抗轉換，變成了抵抗線**，所以匯率在水平線Ⓑ上的反跌處就是**賣出時機**（賣點1、2、3）。

另外，雖然匯率在**賣點1**留下了長上影線，看似一度突破了水平線，但因為只遠離了水平線2pips不到，所以**仍在誤差範圍內**。

畢竟，在外匯市場上除了使用技術線圖的技術分析師之外，還有重視基本分析的法人投資者和基於實際需求交易的企業等各種參與者在買賣。

所以，匯率不一定會剛好在技術線上反轉，保留數pips的誤差範圍也很重要。

接著，我們還可以畫出以高點**h**為起點的**下跌趨勢線Ⓓ**，所以下跌趨勢線上的反跌處（**賣點4**）也是一個進場點。

還有，**水平線Ⓒ跟下跌趨勢線Ⓓ交叉的賣點5**，也是有多個證據支持的絕佳賣出點。

最後，在長期線圖上分析出的108.251日圓的**水平線Ⓐ**，換到15分線圖後也有2處反彈。

匯率在碰到低點108.244日圓後，一路上升到109日圓的位置，因此只要有畫出水平線Ⓐ，就能提前得知停利的基準水位。

短期線 美元／日圓 **15分線圖**（2019年11月13日～2019年11月14日）

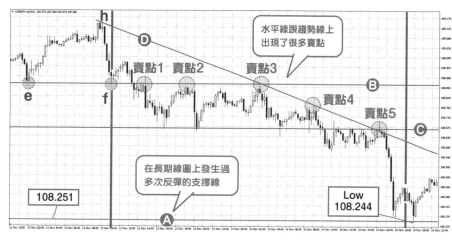

水平線跟趨勢線上
出現了很多賣點

賣點1　賣點2　　賣點3

賣點4

賣點5

在長期線圖上發生過
多次反彈的支撐線

108.251

Low
108.244

有畫出下跌趨勢線D的話，就
可以在這條線與水平線的交會
處進場做空。

Q 請用4小時線圖認識市場環境，並判斷趨勢，畫出水平線。然後，請在
15分線圖上畫線尋找進場點。

長期線 歐元／美元　**4小時線圖**（2020年4月27日～2020年6月4日）

短期線 歐元／美元　**15分線圖**（2020年5月21日～2020年5月25日）

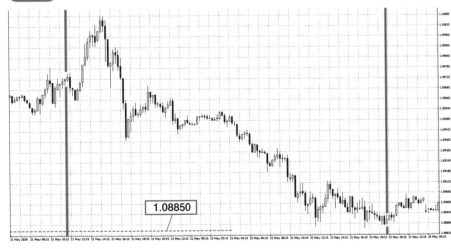

A 4小時線圖上的趨勢為上升趨勢，可在1.08850和1.10179處畫出水平線。在15分線圖上可在匯率於1.08850的水平線上反彈後買進，但最後會以停損收場。

4小時線的解說

認識趨勢

根據道氏理論，從低點**a**到高點**b**、低點**c**到高點**d**，高點和低點同步上升，故為**上升趨勢**。換言之，可以在15分線圖上尋找進場點做多。

認識支撐和抵抗

在匯率數度反轉的1.08850水位可畫出**水平線Ⓐ**。匯率從低點**c**上升到高點**d**的過程中突破了有抵抗作用的水平線Ⓐ，故水平線Ⓐ在之後**轉換成了支撐線**。

換言之，在匯率回跌到1.08850附近時就是買進的好機會。

除此之外，高點1.10179和高點**d**（1.10084）可連出**水平線Ⓑ**。這兩個高點雖然差了10pips，但因為都是匯率的轉折點，故可視為一條主要的抵抗帶，當成停利的基準水位。

長期線 歐元／美元 **4小時線圖**（2020年4月27日～2020年6月4日）

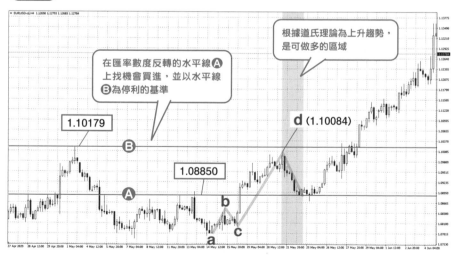

15分線的解說

長期線的4小時線圖正值上升趨勢中的回檔。

我們可以在這波小小的下跌趨勢結束時進場。

本題中，可以以高點e為起點，連接f、g畫出**下跌趨勢線C**。

隨後，匯率雖然在h處短暫升破了下跌趨勢線，但賣壓依然強勁，使匯率繼續**沿著下跌趨勢線下滑**。

即使在回漲後的第2波，匯率在短期線圖上也沒有轉換成道氏理論的上升趨勢，所以在這條下跌趨勢線上不存在可進場的機會。

假如沒有遵守規則，在匯率升破下跌趨勢線的瞬間就進場的話，就會出現帳面虧損而被套牢，讓接下來的操作變得十分痛苦。

另一方面，若轉而尋找其他證據，則可在4小時線圖中的1.08850的**水平線A上找到反彈（買點1），在這裡進場**。

短期線 歐元／美元　**15分線圖**（2020年5月21日～2020年5月25日）

> 儘管一度向上升破下跌趨勢線，但並未出現進場點

在水平線上的反彈處進場結果失敗的案例

一路練習到這裡，相信大家心中可能會產生「原來畫技術線這麼簡單啊！」或「你難道不是只挑運氣好有猜中的例子出來講嗎？」等各種不同的感想。

事實上，既然外匯保證金交易是一種投資，那麼就不存在百發百中「保證」獲利

的手法。**當市場發展跟預期不一樣的時候，就必須盡早停損。**

　　而在本題的例子中，觀察之後15分線圖上的發展，在**買點1**進場後匯率又短暫跌破了有支撐作用的水平線Ⓐ，跌至線下14pips的1.08707處。

　　觀察4小時線圖就能看出，歐元／美元的匯率最後大幅上揚到1.13元。然而，**若以水平線Ⓐ為進場依據**，把停損點直接設在線下的話，就會在匯率短暫跌破水平線Ⓐ的時候觸發停損。

　　若把停損幅度設定到20pips以上，或許就能避免停損，但這只不過是事後諸葛；而在實際交易過程中常常發生此類事例，所以**把這個損失當成必要成本果斷停損的態度非常重要**。

短期線 歐元／美元 **15分線**圖（2020年5月21日～2020年5月25日）

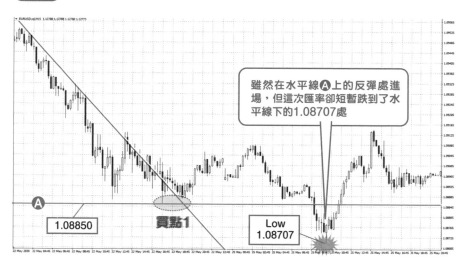

> 雖然在水平線Ⓐ上的反彈處進場，但這次匯率卻短暫跌到了水平線下的1.08707處

1.08850

買點1

Low
1.08707

演練題

7

用swing high、swing low 正確決定高低點

Q 請用4小時線圖認識市場環境,並判斷趨勢。然後,請在15分線圖上畫線尋找進場點。

長期線 歐元/美元 **4小時線圖**(2020年1月6日~2020年2月13日)

放大為15分線

短期線 歐元/美元 **15分線圖**(2020年1月31日~2020年2月3日)

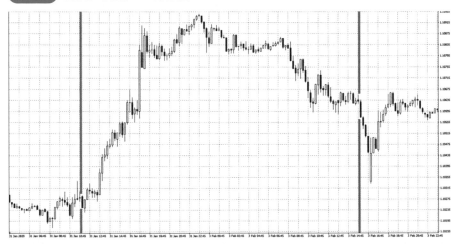

用n＝5的swing high／swing low法來分析，4小時線圖上的趨勢為下跌趨勢，正值跌深反彈的局面。

在15分線圖上可於支撐抵抗轉換後的反跌處進場做空。

4小時線的解說

認識趨勢

本題屬於比較難用道氏理論判斷趨勢的圖表。

從稍早之前的時間依序整理，首先從低點a到高點b→低點c→高點d，高點和低點同步上升，所以是**上升趨勢**。

然而在那之後，匯率跌破低點c一路下滑至低點e，至此上升趨勢崩潰，轉移到整理行情。

不僅如此，匯率在觸及高點f後，又在低點g處跌破了低點e，故從高點d→高點f、低點e→低點g，高點和低點同步下跌，市場又**從整理行情進入了下跌趨勢**。

隨後匯率來到低點i、高點j的位置，仍未往上刷新之前的高點和低點，故可判斷此時**仍處於下跌趨勢**。

換言之，這是**可在15分線圖上尋找做空機會**的情況。

長期線 歐元／美元 **4小時線圖**（2020年1月6日～2020年2月13日）

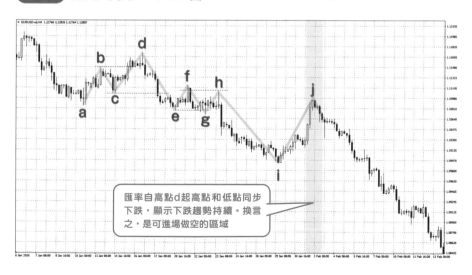

匯率自高點d起高點和低點同步下跌，顯示下跌趨勢持續。換言之，是可進場做空的區域

回想swing high、swing low的高低點定義

本題的圖表是依照61頁介紹的不同高低點定義法，**會對趨勢產生不同認識的典型例子**。

在各位讀者中，是不是也有人把低點i到高點j之間的道氏理論高低點分得更細，像下圖右邊這樣判斷市場為上升趨勢呢？

只要採用一致的分析規則來判斷，那麼這個分析結論就不能說是完全錯誤的。

然而，在用**swing high／swing low法**來判斷高低點的時候，若依照**左右K線各「5條」的規則**，則本圖中的高低點其中一邊只有「3條」，並不滿足高低點的條件。

因此，低點i和高點j之間並不存在任何道氏理論的高點和低點，能夠得出下跌趨勢依然維持的結論。

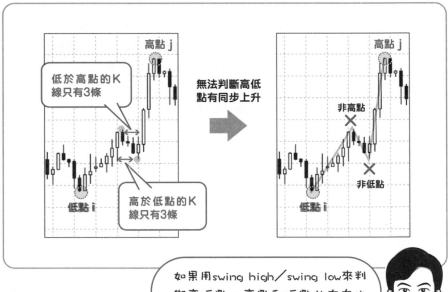

如果用swing high／swing low來判斷高低點，高點和低點的左右必須各存在5條K線！

15分線的解說

因為判斷出**長期線圖上是下跌趨勢**，所以**在15分線圖上可以尋找賣出的機會**。

然後，我們可以發現在匯率跌破水平線Ⓐ之後，出現了**支撐抵抗轉換後的反跌**，可以在此進場做空（**賣點1**）。

同時，匯率跌破了技術線型的三角收斂這點，也強化了賣出的依據。

短期線 歐元／美元 **15分線圖**（2020年1月31日～2020年2月3日）

在支撐抵抗轉換後的反跌
&匯率跌破三角收斂處可
進場做空

用長期線圖判斷趨勢，用短期線圖
尋找進場時機。
這裡可看出本題的進場時機是水平
線發生支撐抵抗轉換後的反跌。

演練題

8

道氏理論需要
花時間冷靜地分析

Q

請用4小時線圖認識市場環境,並判斷趨勢。然後,請在15分線圖上畫
線尋找進場點。

長期線 英鎊／美元 **4小時線圖**(2020年5月7日～2020年6月16日)

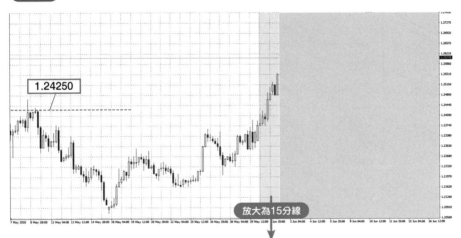

短期線 英鎊／美元 **15分線圖**(2020年5月29日～2020年6月2日)

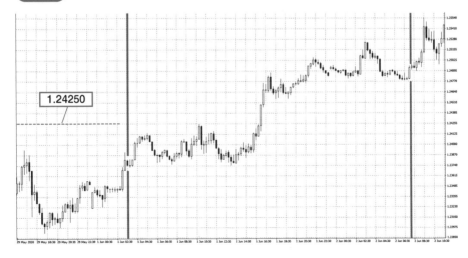

4小時線圖的趨勢為上升趨勢，在1.24250的水位可畫出水平線。在15分線圖上可於水平線上的反彈處進場做多。

4小時線的解說

認識趨勢

　　本題圖表上的趨勢令人眼花撩亂，算是操作難度很高的市場環境。讓我們一個一個整理，鍛鍊用道氏理論分析趨勢的能力吧。

　　首先，當匯率從低點a上升到高點b時，原本的**①下跌趨勢便崩壞轉移到整理行情**。隨後，高點b→高點d、低點c→低點e，高低點同步下跌，**②整理行情再次轉移到下跌趨勢**。

　　然後，匯率從低點e上升到高點f時又刷新了高點，所以**③下跌趨勢再度崩壞變為整理行情**。接著下跌到低點g後又更新了高點f，此時市場又從**④整理行情轉換到上升趨勢**。

　　雖然多累積經驗後**就能瞬間**從低點e→低點g、高點f→更新**看出上升趨勢**，但認識市場環境並不是在尋找進場機會，不需要焦急。所以，剛開始時請多花點時間細心地整理資訊吧。

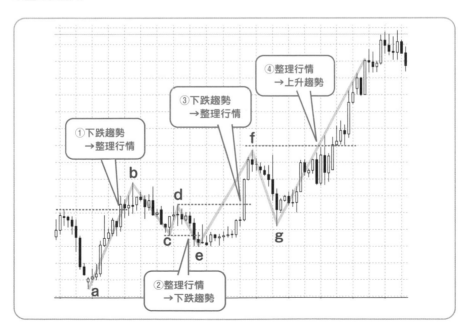

認識支撐和抵抗

在4小時線圖的1.24250（H）的水位，有一條壓回了4條K線、阻礙匯率上升的抵抗線。

其中也包括長上影線的K線，要清楚畫出一條線並不容易，但總之**在1.24250的水位附近要小心可能遇到抵抗**。

長期線 英鎊／美元　**4小時線圖**（2020年5月7日～2020年6月16日）

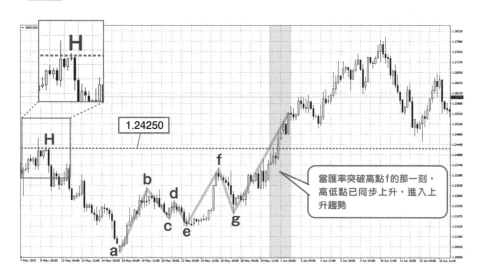

當匯率突破高點f的那一刻，高低點已同步上升，進入上升趨勢

15分線的解說

分析15分線圖，低點a和低點b可連出**上升趨勢線Ⓐ**。

另外，低點c和低點d也可連出**支撐線Ⓑ**，而且這條線跟上升趨勢線交叉，故發生匯率反彈的**買點1是非常好的買進點**。

這是一個完美吻合教科書的進場點，在分析圖表時若發現這樣的點，請拿出自信大膽進場吧。

另一方面，在4小時線的1.24250的抵抗線上，匯率曾在C點處短暫反跌，故實戰中可以此線作為停利的基準。

結果，本題中的匯率最後向上突破了1.24250的抵抗線，繼續往上爬升。

不過，從**買點1**到1.24250的位置可賺到50pips左右的價差，已經是利潤相當豐厚的交易了。

短期線 英鎊／美元 15分線圖（2020年5月29日～2020年6月2日）

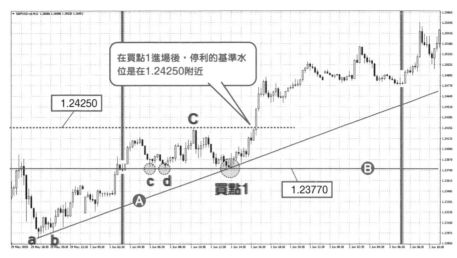

在買點1進場後，停利的基準水
位是在1.24250附近

1.24250

1.23770

買點1

支撐線和上升趨勢線的交叉點乃
是教科書式的絕佳買點。請拿出
自信進場吧。

認識趨勢轉換的線型

Q 請用4小時線圖認識市場環境，並判斷趨勢，畫出水平線。然後，請在15分線圖上畫線尋找進場點。

長期線 英鎊／日圓 **4小時線圖**（2020年5月19日～2020年6月26日）

放大為15分線

短期線 英鎊／日圓 **15分線圖**（2020年6月10日～2020年6月12日）

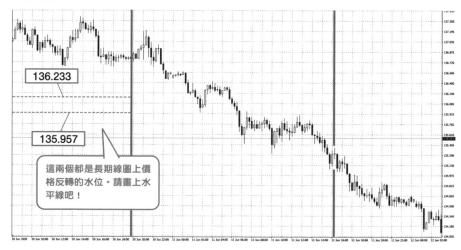

這兩個都是長期線圖上價格反轉的水位。請畫上水平線吧！

4小時線圖的趨勢為下跌趨勢，且反轉型態的頭肩型已經完成。在15分線上可在水平線發生支撐抵抗轉換後的反跌處進場做空。

4小時線的解說

認識趨勢

匯率從低點**a**迅速爬升到高點**b**，之後略微下跌到低點**c**後，再次出現好幾條大陽線攀升至高點**d**（次頁圖）。

然後，在碰到低點**e**後，匯率上升至高點**f**，在跌破低點**e**的時間點**從上升趨勢轉換為下跌趨勢**。換言之，在15分線圖上是**可做空的場面**。

還有，以**d**為頭、**b**為左肩、**f**為右肩，圖中已完成了典型的轉換型態**頭肩頂型**，由此可知賣壓相當強勢。

認識支撐和抵抗

檢查支撐和抵抗，可在低點**c**（135.957日圓）和低點**e**（136.233日圓）的水位畫出頭肩頂的**頸線（水平線）**。

然而切換到4小時線圖後，通常很難剛好畫出一條精準的直線。

而且，頸線也不一定總是呈現水平的。

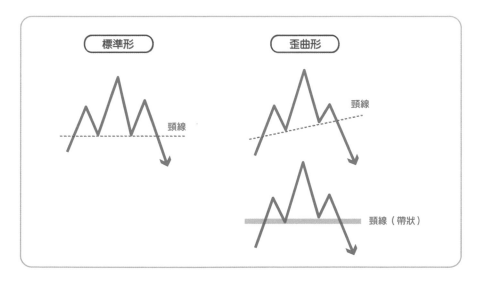

即使同樣是頭肩頂型，也有頸線為水平的**漂亮標準形**，以及頸線為**傾斜的歪曲形**之分。

遇到這種情況，可以選擇把頸線畫成斜線，或是把頸線理解成由2條水平線圈成的**水平線集合帶**來分析。

本回則以135.957～136.233的範圍為水平線集合帶來分析。

長期線 英鎊／日圓　**4小時線**圖（2020年5月19日～2020年6月26日）

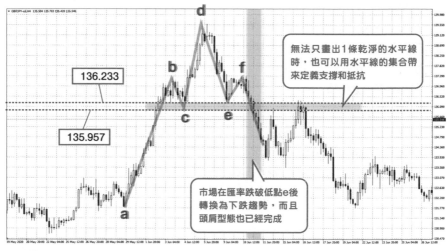

> 無法只畫出1條乾淨的水平線時，也可以用水平線的集合帶來定義支撐和抵抗

> 市場在匯率跌破低點e後轉換為下跌趨勢，而且頭肩型態也已經完成

> 如果沒辦法找到1條漂亮的頸線，也可以用水平帶的概念來思考。

15分線的解說

放大成15分線圖後，4小時線圖上由135.957～136.233日圓的水平線夾成的區域就是下圖的藍色區塊。

這次我們只簡單在135.957日圓處畫一條水平線，並在這條線發生支撐抵抗轉換後的賣點1進場；**但如果用帶狀區來分析，可以使支撐和抵抗更加視覺化，活用於交易當中。**

短期線 英鎊／日圓 **15分線圖**（2020年6月10日～2020年6月12日）

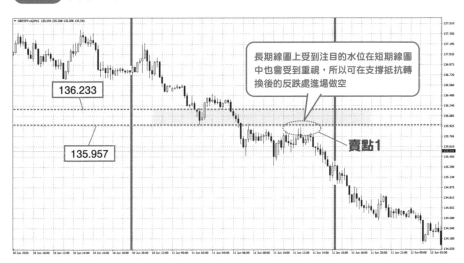

長期線圖上受到注目的水位在短期線圖中也會受到重視，所以可在支撐抵抗轉換後的反跌處進場做空

賣點1

換到15分線圖，可以更清晰地看到水平帶。這條帶在賣點1發生了支撐抵抗轉換。

演練題

10

整理行情中
要耐心等待趨勢明朗

Q 請用4小時線圖認識市場環境，並判斷趨勢。然後，請在15分線圖上畫線尋找進場點。

長期線 歐元／美元　**4小時線圖**（2020年6月1日～2020年7月9日）

放大為15分線

短期線 歐元／美元　**15分線圖**（2020年6月26日～2020年6月30日）

｛ 4小時線圖的趨勢為整理行情。因此，此處的趨勢方向仍非常不明朗，在15分線圖上應避免進場。

4小時線的解說

認識趨勢

本題的4小時線圖以道氏理論來看沒有產生任何趨勢，**可判斷為整理行情**。換言之，不該買進也不該賣出，什麼也不做靜靜觀望是最好的選擇。

讓我們依序來分析吧。

首先，在匯率經過高點a→低點b→高點c，再跌到低點d的下跌過程中，在**跌破低點b的時間點產生了下跌趨勢**。

然後，高點e、低點f都同步下跌，所以下跌趨勢仍然存在，但在匯率通過低點f後卻升破了高點e，此時下跌趨勢已然崩潰，變成了整理行情。

結果，之後高點g、低點h、高點i都沒有同步上升或下跌，一直維持**整理行情**。

像這種時候，貿然出手的話很可能會慘賠收場，無論如何都要避免，所以請在明確的趨勢出現前**耐心保持觀望**吧。

長期線 歐元／美元 **4小時線圖**（2020年6月1日～2020年7月9日）

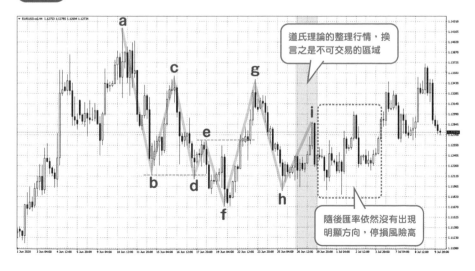

道氏理論的整理行情，換言之是不可交易的區域

隨後匯率依然沒有出現明顯方向，停損風險高

在日線圖上也看不出明確方向

作為參考，讓我們再來看看更長期的**日線圖**吧。

觀察後，可以發現剛剛在4小時線圖上分析過的2020年6月1日～7月9日這段期間，在日線圖中也沒有發生任何趨勢，一直維持橫向推移。

這種環境下的匯率波動沒有一致的方向，不論做空還是做多都有很高的風險會一直停損，讓虧損累積愈來愈多，最後**停損到退場**。

這種時候交易的次數愈多，虧損的總額就會愈大。

很多人在被停損後為了把賠掉的錢賺回來又會勉強進場，結果屢戰屢敗陷入負面循環之中。

此時的環境在日線圖上也明顯是橫盤整理，千萬不要在這種市場環境不佳的時候勉強出手。

長期線　歐元／美元　日線圖（2020年6月1日～2020年7月9日）

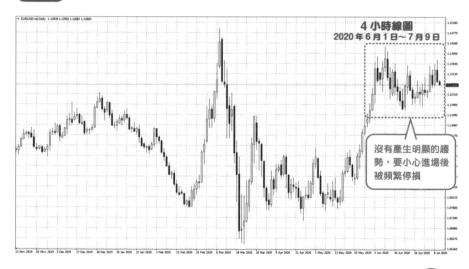

4 小時線圖
2020 年 6 月 1 日～ 7 月 9 日

沒有產生明顯的趨勢，要小心進場後被頻繁停損

在比4小時線更長期的日線圖上也是整理行情。
屬於不適合出手的環境！

15分線的解說

因為長期線圖是整理行情，所以在短期線圖的15分線上不可以進場。

作為參考，我們順便分析一下假如無視長期線圖，只看15分線圖的話，會得出什麼樣的結論吧。

本書介紹的技術線分析手法，找出來的進場點與市場環境無關，不論用哪種週期的線圖都能發揮一定程度的功能，可以只找出勝率高的進場點。

在本題的線圖中，匯率在高點a和高點b連成的**水平線Ⓐ發生支撐抵抗轉換後的反彈處（買點1）**，以及在低點c和低點d連成的**上升趨勢線Ⓑ上的反彈處（買點2）**，都是具有獲利可能的進場點。

找出這幾個點後，配合長期線圖認識市場環境，就能夠實現更具優勢的高勝率投資，不知你是不是已經實際感受到了呢。

短期線 歐元／美元　**15分線圖**（2020年6月26日～2020年6月30日）

買點1和買點2雖然有獲利空間，但若趨勢是整理行情的話還是觀望為佳。不要貪心，只在勝算高的局面出手乃是鐵則

只看15分線圖的話，可以在支撐抵抗轉換後的反彈進場做多，但因為長期線圖是整理行情，所以還是先別出手吧。

Chapter4

圖表分析
組合技篇

在Chapter4我們將介紹
振盪系指標「MACD」和
「RSI」的使用方法，以及
利用前兩者的「背離」來推
測趨勢轉換的交易手法。

使用多個指標的弊端

圖表分析是「Simple is the best」

至今為止的解說，我們只有使用 **「道氏理論」**，以及在圖表上畫線的 **「線型分析」** 來分析圖表。

但外匯保證金投資的圖表分析除了上述兩者之外，還有布林帶、一目均衡表、移動平均線、MACD等**各式各樣的技術指標**，有的人知道後可能會覺得有點不放心，懷疑「是不是不把它們也全部用上的話就不會成功？」。

直接說結論，**只要具備「道氏理論」和「線型分析」這兩樣武器，就足以在投資外匯保證金時獲得穩定的收益。**

舉個極端點的例子，我甚至認識某些億萬投資人只用「水平線」來投資外匯。

同時，包含我自己也是，很多穩定獲利的投資者，都只使用2～3種技術分析方法來分析圖表。

相反地，在圖表上同時顯示一大堆指標，分析所有買賣訊號的做法非常沒有效率，很難想像能讓人賺得到錢。

雖然說起來可能會冒犯到某些人，但失敗投資者的典型例子就是同時使用一大堆指標，所以只要看看一個人螢幕上的圖表畫面，就能大概看出他的投資實力。

顯示在圖表上的**指標愈多，噪音訊號也會變得愈多**，只會徒然讓交易手法變得複雜，在尋找進場點時把自己弄得暈頭轉向，削減交易的機會。所以說，**整體上是弊多於利的。**

有些投資人相信「只要多個指標同時顯示相同的買賣訊號就是機會！」。

然而，技術分析背後的原理是投資人的群體心理，忘記這點而同時使用一堆沒有一致性的技術指標乃是忽略了群體心理，並未抓到技術分析的本質。

如果在圖表上打開多餘的指標

下面的圖表同時顯示了布林帶（2σ）、移動平均線（12EMA、26EMA）、隨機指標、MACD、RSI等多種技術指標，乍看之下似乎非常高深。

這給人的感覺就像同時搭載了多種不同武器，是超一流的專家才會使用的高科技線圖對吧。

然而說得直接點，這張圖表上太多毫無用處的裝飾，別說是高效率了，反而到處是有害無益的資訊。

譬如本章後頭就要介紹的**MACD和RSI等振盪系指標**，基本上都是用來顯示市場是否「買過頭、賣過頭」的，就算同時顯示在螢幕上，告訴你的也是同一件事。

換言之，若想同時使用多種指標，就不該重複使用意義相同的指標，而應該**採用系統相異的指標來互補長短**。

顯示太多種指標只會增加噪音，讓交易更不順利！只用線型分析和道氏理論就足以穩定獲利了。

使用振盪系指標

趨勢系指標和振盪系指標

如果打算在「道氏理論」和「線型分析」這2種技術分析方法外，再加入其他指標，我推薦可以採用以下的組合。

振盪系指標有非常多種類，只要能活用最具代表性的**「RSI」**和**「MACD」**就足夠了。

	趨勢系	振盪系
模式1	道氏理論、線型分析	RSI
模式2	道氏理論、線型分析	MACD
模式3	線型分析、移動平均線	RSI

不過話說回來，振盪系指標究竟是什麼樣的指標呢？

在技術分析中，存在著可以顯示目前的趨勢狀態，分析應該從做多、做空、觀望中在**「何時」採取「何種」行動的「趨勢系」**，以及可顯示「買過頭、賣過頭」等**市場是否過熱的「振盪系」**2個系統。

舉例而言，就算運用道氏理論分析出目前的市場是上升趨勢，並用線型分析找到了買點進場，假如這波上升趨勢已是強弩之末，那麼就應該盡早停利退出。

那麼，有沒有方法可以提前得知現在的趨勢到底是不是已經減弱了呢？

答案就是結合趨勢系指標使用的「振盪系」指標。

也就是說，先用趨勢系指標找出趨勢和進場點，**再用振盪系指標探查趨勢的強弱**，互相彌補彼此的弱點，提高交易的精度。

注意RSI背離

首先介紹振盪系指標的代表——**RSI**。

另外，由於振盪系指標基本上顯示的都是同一種訊息，所以請依照所使用的趨勢系指標種類和適性，挑一種來用即可。

RSI（相對強弱指標）是一種用數值顯示過去一定期間內，價格上升幅度和下跌幅度何者較強的指標，以0～100％來表示。

RSI的解讀方式是**若70％以上代表買過頭，30％以下代表賣過頭**。

然而在實戰中，並不是說「RSI大於70％代表買過頭，接下來會反跌所以要做空！」、「RSI小於30％代表賣過頭，價格便宜所以要做多！」。

RSI的真正用法，是在圖表上檢查是否出現俗稱**「背離」**——也就是匯率方向與RSI方向相反的現象，將此當成**趨勢即將發生轉換的訊號**來用。

譬如，假設在**匯率不斷突破高點節節攀升時，RSI卻出現高點下滑**的情況，就是暗示上升趨勢已然減弱，**即將轉為下跌趨勢的背離訊號**。

匯率上升，但RSI下滑，就是暗示市場將轉為下跌趨勢的背離訊號

70％

30％

相反地，假如**匯率不斷跌破低點下跌**，但**RSI的低點卻往上升**，就是暗示**下跌趨勢已減弱，即將轉為上升趨勢**的背離訊號。

若匯率下跌，但RSI上升，就是暗示即將轉為上升趨勢的背離訊號

70%

30%

背離訊號的整理

・匯率上升 & RSI下跌⇒轉換為下跌趨勢的訊號

・匯率下跌 & RSI上升⇒轉換為上升趨勢的訊號

與MACD關係匪淺的移動平均線

　　另一種跟RSI一樣常被使用的振盪系指標是**「MACD」**。

　　MACD是**「指數平滑異同移動平均線」**的簡稱，是一種應用了**代表性的趨勢系指標移動平均線**的分析工具。

　　首先來整理一下移動平均線的基本知識。

　　移動平均線有以下3種：

● **簡單移動平均線**（**SMA**：Simple Moving Average）

● **加權移動平均線**（**WMA**：Weighted Moving Average）

● **指數移動平均線**（**EMA**：Exponential Moving Average）

　　簡單移動平均線（SMA）是由過去一段期間的價格（K線收盤價）的平均值連成的曲線。可以用移動平均線的方向來判斷趨勢，或是用移動平均線和K線的位置關係來尋找進場點。

　　然而，單純以過去價格平均而成的簡單移動平均線，具有在市場急速改變的時候會無法及時反映變化的缺點。

　　為了解決這個缺點，才有了在**平均時提高最近的價格權重的加權移動平均線（WMA）**。

　　然後（請原諒本書省去了計算公式）**採用了比加權移動平均線更複雜的方法來計算的實戰導向移動平均線，就是指數移動平均線（EMA）**。

　　與簡單移動平均線和加權移動平均線相比，指數移動平均線可以更迅速地反映匯率的即時變化。

　　而MACD所使用的就是這種指數移動平均線。

黑線：簡單移動平均線（26）
藍線：指數移動平均線（26）

指數移動平均線可以更
靈敏地反映市場變化

MACD線與信號線

只要理解了移動平均線，就能理解MACD的原理。

MACD是由2條指數移動平均線（EMA）的差值**「MACD線」**，以及MACD線的移動平均**「訊號線」**兩者組成。

MACD的標準設定

・**MACD線：週期12和週期26的EMA差值**

・**訊號線：MACD線的週期9移動平均線**

RSI是0～100％的百分比縱軸，而MACD的單位則是以匯率的基本單位**「pips」為縱軸**。

在下面的圖表中，**MACD線是灰色的長條，訊號線則是藍色的曲線。**

使用MACD，可以透過2條不同週期的移動平均線的背離、收斂、交叉等情況，更視覺化地掌握市場的勢力變化。

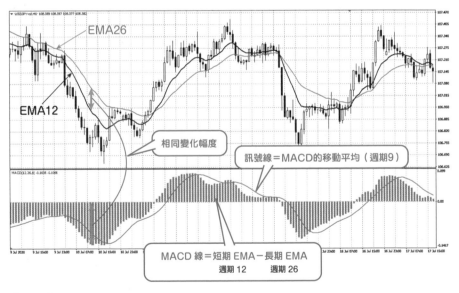

【注意點】

有些外匯交易軟體的MACD線可能不是長條圖而是折線圖，或是有第3條顯示MACD線和訊號線之差的直方圖。本書解說時採用的是全球最流行的外匯交易軟體「MT4」的預設MACD。

在MACD尋找黃金交叉與死亡交叉

　　移動平均線最代表性的交易手法，就是在圖表顯示2條不同週期的移動平均線，然後以短週期的移動平均線由下而上穿過長週期的移動平均線為「**買進訊號＝黃金交叉**」，以短週期的移動平均線由上而下穿過長週期的移動平均線為「**賣出訊號＝死亡交叉**」。

　　由於MACD線把2條EMA的差值化為長條圖來表示，所以**MACD線歸0的時候，就是2條EMA發生交叉的時候**。

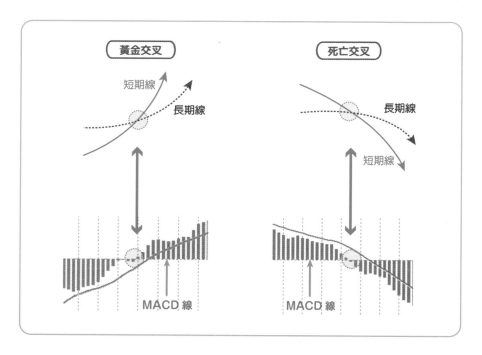

　　換言之，使用MACD的話，還可以同時分析移動平均線代表性的黃金交叉和死亡交叉。

- ●**MACD線由下歸零＝黃金交叉**
- ●**MACD線由上歸零＝死亡交叉**

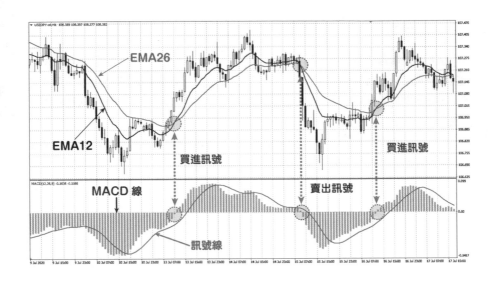

在MACD上檢查有無背離

在RSI部分介紹的**背離**訊號，在MACD也同樣有效。

當匯率屢屢突破新高，MACD線的高點卻頻頻往下走時，就代表上升趨勢正在減弱，**可能即將轉換為下跌趨勢。**

這點可以用匯率和2條不同週期的移動平均線的動態來說明。

首先，次頁的圖表在**A**點發生了**黃金交叉**，K線一鼓作氣地上升。

匯率急速上漲後，短週期的移動平均線EMA12一定會比EMA26更快往上升。這是因為平均的週期愈短，就愈能反映目前的價格變化。

然後，隨著匯率上揚的力道漸強，EMA12的上升速度也更快，與EMA26的差距愈來愈大，故MACD線上升。

然而，再強的上升趨勢也總有盛極而衰的時候，因此在匯率的上升開始到達極限時（**B**點），EMA12便轉為水平或下跌，使EMA12和EMA26的差距縮小。

於是，代表EMA12和EMA26差值的MACD線也會觸頂，開始下跌。所以MACD線下跌就是短期EMA的勢力減弱，也就是**匯率的上升力道衰退的訊號**。

本回解說的是從上升趨勢轉換到下跌趨勢的情況，但反過來從下跌趨勢轉換到上升趨勢的原理也完全相同。

MACD背離的整理
・匯率上升&MACD線下跌⇒轉換為下跌趨勢的訊號
・匯率下跌&MACD線上升⇒轉換為上升趨勢的訊號

跟RSI一樣，若匯率上升的同時，MACD線卻在下滑，就代表可能即將轉為下跌趨勢。

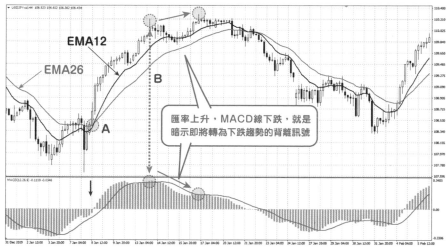

匯率上升，MACD線下跌，就是暗示即將轉為下跌趨勢的背離訊號

【演練題的注意點】
第4章的演練題在運用道氏理論判斷趨勢時全部使用以下條件判斷。

・K線數為5的swing high／swing low

除了用道氏理論判斷趨勢外，請再加入MACD或RSI的訊號，綜合地檢查買賣方向。

用MACD的背離
找出趨勢轉換

Q 請用4小時線圖認識市場環境，並判斷趨勢。然後根據分析結果，在15分線圖上尋找進場點。

長期線 美元／日圓 4小時線圖（2019年4月25日～2019年6月3日）

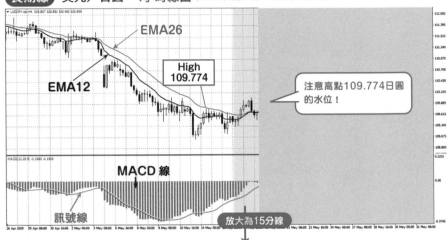

注意高點109.774日圓的水位！

短期線 美元／日圓 15分線圖（2019年5月15日～2019年5月17日）

4小時線圖已從下跌趨勢轉換到上升趨勢，MACD的背離也印證了道氏理論的轉換訊號。所以可在15分線圖的支撐抵抗轉換後的反彈處買進。

4小時線的解說

認識趨勢

在4小時線圖上用道氏理論檢查趨勢的狀態，首先高點a→c、低點b→d**發生了下跌趨勢**。隨後在匯率跌至低點f，又向上突破最近高點e（109.774日圓）的時間點，由於高低點同步上升，故市場**轉換為上升趨勢**（次頁圖）。

換言之，在短期線的**15分線圖上可以買進**。

檢查振盪指標

趨勢轉換的徵兆在MACD上也可以看到。

匯率由低點b跌至低點d，MACD線卻從低點b′上升至d′，發生走勢相反的**「背離」**現象。

換言之，這是下跌趨勢正在減弱的證據，可以察覺近期發生趨勢轉換的可能性正在攀升。

一如132頁的解說，**MACD線是EMA12和EMA26的差值**，所以在匯率由高點a急速下跌時，EMA12會先往下走，與EMA26的距離愈拉愈大，使MACD線下跌。

接著，當匯率的下跌力道減弱，EMA12和EMA26的差距會緩緩縮小，使MACD線由向下轉為向上，朝0軸上升。

然後，在EMA12最終由下往上穿越EMA26的交會處（黃金交叉），MACD也從負值來到0軸（g′），**可視為趨勢已發生了轉換**。

就像這樣，組合道氏理論和MACD，可以客觀地掌握趨勢的強弱，增加趨勢轉換後的交易依據。

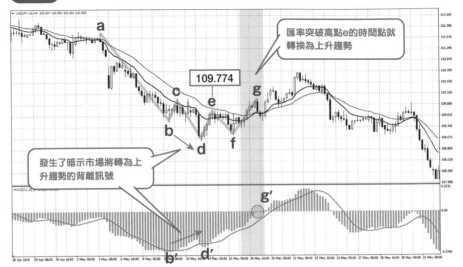

15分線的解說

本題在4小時線的匯率突破高點e（109.774日圓）時**才從下跌趨勢轉為上升趨勢**，所以在匯率突破109.774日圓的**水平線B**前不可以買進（次頁圖）。

在4小時線圖的高點e（109.774日圓）水位畫出的水平線B發生支撐轉換後的反彈，是第一個**進場點（買點1）**。

若只看15分線圖，在D區域的高點連成的水平線C發生**支撐抵抗轉換後的反彈（買點X）**似乎也是一個很好的買進點，但因為這裡在4小時線圖上根據道氏理論屬於下跌趨勢，所以等待上升趨勢確定後再進場勝算會比較高。

在道氏理論的趨勢轉換前交易的風險

那麼在確定MACD發生背離，預測「趨勢大概要反轉了吧」，在長期線圖的「下跌趨勢」最高潮處「買進」行不行呢？

直接說結論，這種逆著趨勢方向布局的做法，是一種俗稱**「逆勢操作」**的手法。

不過，由於這種手法的風險很高，所以請至少等到道氏理論的下跌趨勢崩潰，轉為「整理」的狀態後再進場會比較好。

逆勢操作如果成功的話，由於可在很早的階段就進場，所以獲利空間很大，但相對地風險也很高，是一種高風險的投資手法。

還有，MACD背離的意思只是說發生趨勢轉換的機率較高，並不是保證「一定」

會發生趨勢轉換。

因此，假如在背離訊號出現後卻沒有發生道氏理論的趨勢轉換，**就代表市場仍維持原本的趨勢，必須立刻停損退出**。

短期線　美元／日圓　**15分線圖**（2019年5月15日～2019年5月17日））

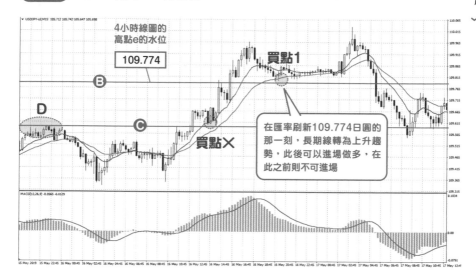

在匯率刷新109.774日圓的那一刻，長期線轉為上升趨勢，此後可以進場做多，在此之前則不可進場

高點e（109.774日圓）可畫出水平線B，匯率在這條線發生支撐抵抗轉換後的反彈買點1就是進場時機。

2 | 瞄準MACD線的 0值和交叉

Q | 請用4小時線圖認識市場環境，並判斷趨勢。然後根據分析結果，在15分線圖上尋找進場點。

長期線 美元／日圓 4小時線圖（2018年10月23日～2018年11月30日）

EMA12
EMA26
訊號線
MACD 線
放大為15分線

短期線 美元／日圓 15分線圖（2018年11月14日～2018年11月16日）

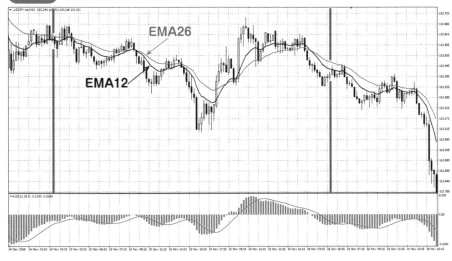

EMA26
EMA12

A 4小時線圖的趨勢為下跌趨勢，且發生了移動平均線的死亡交叉。故在15分線上可於水平線（抵抗線）的反跌處進場做空。

4小時線的解說

認識趨勢

在4小時線圖上用道氏理論確認趨勢，可發現低點a→c、高點b→d為上升趨勢。

然後低點e跌破了低點c，此時上升趨勢崩潰，轉為整理行情。

接著，匯率在觸及高點f後，又跌破了低點e，符合高低點同步下跌的條件（高點d→f、低點e→g），轉換至下跌趨勢。

換言之，是**可以在短期線圖的15分線上做空的局面。**

檢查振盪指標

本題的MACD線往下走，且高點d→f也往下滑，並未發生背離。

然而，檢查EMA的狀態，卻發生了暗示趨勢已從上升轉為下跌的**「死亡交叉」**，**為道氏理論的趨勢轉換**提供了佐證。

長期線 美元／日圓　**4小時線圖**（2018年10月23日～2018年11月30日）

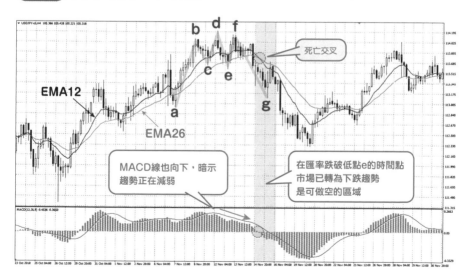

15分線的解說

由於4小時線圖上是下跌趨勢，所以可在15分線圖上找機會做空。

連接高點a′和b′可畫出**抵抗作用的水平線Ⓐ**，故匯率在線上的反跌處**賣點1是進場時機**。

同時，除了**賣點1**之外，MACD線由上往下穿過0軸的交叉點（＝EMA的死亡交叉）也是一個**進場時機（賣點2）**。

就像這樣，打開MACD（或EMA）再配合線型分析，可以找出更多買賣訊號，增加獲利機會。

但與此同時，交易的次數增加，意味著**遇到假訊號的風險也會升高**，所以請注意並不是有利無害。

短期線 美元／日圓 **15分線圖**（2018年11月14日～2018年11月16日）

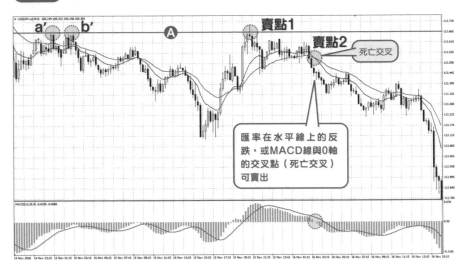

使用移動平均線進場的手法

移動平均線中還存在一種只用MACD無法分析，著眼於 **「移動平均線與K線之位置關係」** 的手法。

那就是堪稱投資界最有名的技術分析手法——**「葛蘭碧法則」**。

葛蘭碧法則利用了移動平均線和匯率的位置關係，來找出不同的買點和賣點。

【買進點】

❶ 在移動平均線由向下轉為「水平或向上」時，匯率往上突破均線

❷ 在移動平均線「向上」時，匯率往下遠離後反彈

❸ 在移動平均線「向上」時，匯率由上往下靠近後反彈

❹ 在移動平均線「向下」時，匯率往下遠離後反彈

【賣出點】

❺ 移動平均線由向上轉為「水平或向下」時，匯率往下跌破均線

❻ 移動平均線「向下」時，匯率往上遠離後反跌

❼ 移動平均線「向下」時，匯率由下往上靠近後反跌

❽ 移動平均線「向上」時，匯率往上遠離後反跌

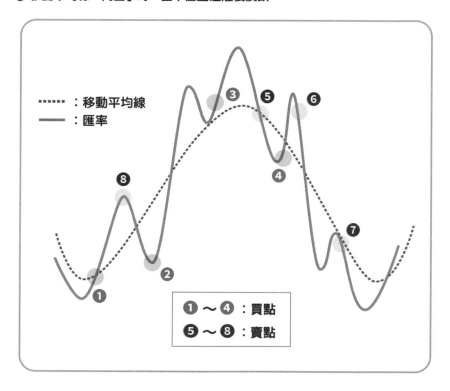

其中獲利機會最大的點，就是由下跌趨勢轉換為上升趨勢的❶，以及由上升趨勢轉換為下跌趨勢的❺。

此時，請務必檢查移動平均線的朝向。

在❶點上，當想買進的人徐徐增加，移動平均線由向下變為水平或向上時，若K線由下往上穿過均線，就是「**做多**」的時機。但假如移動平均線一直維持朝下，不論匯率有無往上穿過均線，都不是買進的時機。

❺也一樣，當移動平均線由向上變為水平或向下，若K線由上往下穿過均線，就是「**做空**」的時機。

假如移動平均線一直朝上，即使K線由上往下穿過均線，在葛蘭碧法則中也不是賣出的時機。

利用移動平均線和K線的位置關係判斷進場時機的方法，就是「葛蘭碧法則」！

使用MACD
綜合地判斷趨勢

Q 請用4小時線圖認識市場環境,並判斷趨勢。然後根據分析結果,在15
分線圖上尋找進場點。

長期線 美元／日圓　**4小時線圖**(2018年9月14日~2018年10月24日)

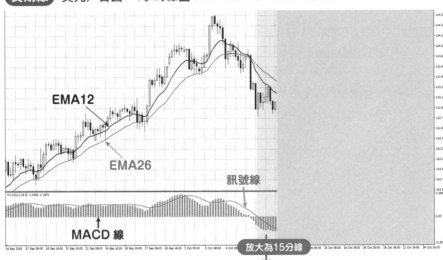

短期線 美元／日圓　**15分線圖**(2018年10月8日~2018年10月10日)

> 4小時線圖的趨勢為整理，但有①MACD背離、②死亡交叉、③頭肩頂型等證據，可預測市場將轉入下跌趨勢，所以在15分線圖上可於匯率於水平線上反彈時進場做空。

4小時線的解說

認識趨勢

在4小時線圖上分析趨勢，首先根據道氏理論因為低點a→c、高點b→d同步上升，可判斷是**上升趨勢**。

隨後，上升趨勢在匯率跌破低點c時崩潰，轉為**整理行情**。

因此，道氏理論的趨勢分析結果為整理行情，應選擇**觀望比較適當**。

長期線 美元／日圓　**4小時線圖**（2018年9月14日～2018年10月24日）

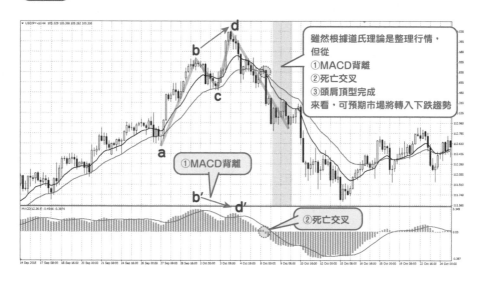

判斷趨勢時也要考慮道氏理論以外的因素

在本題的圖表中，有些人可能會像下圖這樣，把 e 當成低點，f 當成高點，判斷市場為下跌趨勢。

然而，由於我們是採用**swing high／swing low**的**「左右各5條K線」**規則來定義道氏理論的高低點，所以 f 並不符合高點的定義。

這是因為 f 點的左側只有1條低於自己的K線，不符合swing high的條件。

然而看到這張線圖，相信很多人都會覺得「這看起來很像是下跌趨勢」。
如果你也是這麼想的話，你的直覺其實並沒有錯。

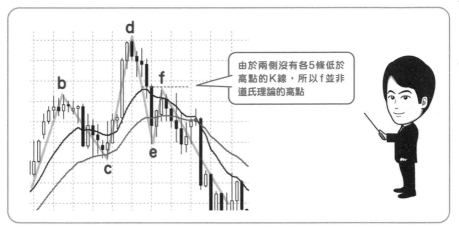

由於兩側沒有各5條低於高點的K線，所以 f 並非道氏理論的高點

其實，道氏理論雖然能利用swing high／swing low規則定義的高低點來判斷趨勢，但同時也存在著靈活性不足的缺點。

因此，我們可以在道氏理論外加上用來判斷趨勢強弱的振盪系指標，在道氏理論的趨勢轉換確定前，提前預測尚未發生的趨勢轉換，事先進場布局。

本回的圖表中一共出現了3個暗示趨勢很可能將發生轉換的訊號。

認識趨勢

1. **MACD背離**
2. **死亡交叉（＝MACD從上方穿過0軸）**
3. **頭肩頂型**

檢查振盪指標

觀察MACD，當匯率從高點b→d向上攀升時，MACD線卻從高點b'→d'往下跌，**發生了①背離現象**（146頁的圖）。

換言之，上升趨勢的力道已降低，可發現**近期轉換為下跌趨勢**的可能性很高。

此外，MACD線還從上方往下穿過0軸，這代表EMA12和EMA26發生了**②死亡交叉**，是**強力的賣出訊號**。

在這麼多條件齊備之下，即使只用4小時線圖也能實現優勢性十足的做空，但繼續用短期線圖找出高勝率的進場點，可以減少無謂的停損等風險。

道氏理論的高低點只能在判斷趨勢時使用

有一點常常被誤解的是，**道氏理論的高點、低點**純粹只是道氏理論用來判斷趨勢的，不需要適用於其他的技術分析方法。

在畫水平線（支撐線、抵抗線）時，完全可以使用道氏理論高低點以外的點來畫。畫趨勢線的時候也一樣。

這是因為，並不是所有投資者都使用swing high／swing low的

n＝5

的道氏理論在分析，存在很多不同的高低點定義方法。

譬如，像下一張圖這種**3條K線高點等高的情況**，由於這3條線都不滿足「左右各5條低於自己的K線」的條件，所以不能視為道氏理論的高點。

然而，水平線是過去曾在特定水位發生過多空的攻防、買方和賣方勢力發生逆轉、顯示匯率在哪個水位曾發生過反轉的線。

由於投資者會關注這個水位，所以未來匯率很可能會再次於此反轉。

換言之，它的意義跟道氏理論的高點、低點完全不一樣，即使不符合道氏理論的條件，這些發生過價格反轉的高點仍可以連成一條水平線（抵抗線）。

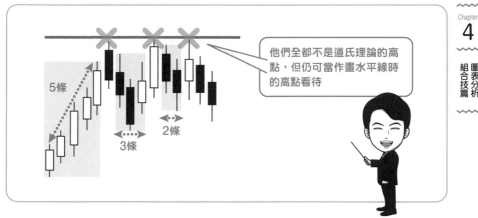

同時，在本題的圖表中，只用道氏理論的高點和低點雖然分析不出什麼端倪，但若改用更狹窄的高低點間隔，就能找到**反轉型態的代表性線型③頭肩頂型**。

匯率在形成左肩、頭部、右肩這3個高點後，**跌破頸線完成了頭肩頂**。

以上，根據**①MACD背離**、**②死亡交叉**、**③頭肩頂型完成**這3個證據，雖然用**道氏理論分析仍是整理行情**，但可預期**不遠的未來即將發生道氏理論的趨勢轉換**，可以**進場做空**。

15分線的解說

分析15分線圖，**a**區域乃是過去數度**壓制了K線高點**的水位，故可畫出**抵抗線 **。

a區域雖然不符合swing high「左右各有5條低於自己的K線」的條件，但依然是價格多次在此轉跌的水位，可以畫出水平線。

然後，可以在**水平線Ⓐ的反跌處賣點1進場**。

短期線 美元／日圓 **15分線圖**（2018年10月8日～2018年10月10日）

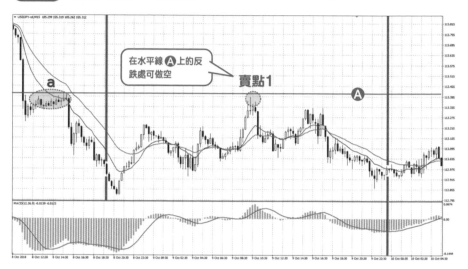

> 在水平線Ⓐ上的反跌處可做空

賣點1

> 過去曾數度壓回漲勢的抵抗線，在之後仍具有很強的影響力，故可在價格於此反跌時進場！

演練題

4

預判道氏理論的
趨勢轉換來布局

Q 請用4小時線圖認識市場環境，並判斷趨勢。然後根據分析結果，在15
分線圖上尋找進場點。

長期線 歐元／美元 **4小時線圖**（2020年1月24日～2020年3月4日）

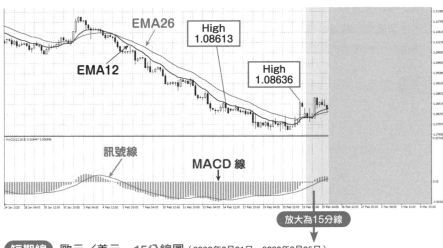

EMA26

High
1.08613

EMA12

High
1.08636

訊號線　　　MACD 線

放大為15分線

短期線 歐元／美元 **15分線圖**（2020年2月21日～2020年2月25日）

4小時線圖的趨勢為整理，但發生了①MACD背離、②黃金交叉。可預期趨勢將轉換為上升，在15分線圖上可於支撐抵抗轉換後的反彈處進場做多。

4小時線的解說

認識趨勢

在4小時線圖上分析趨勢，匯率從高點 a 到低點 f 高低點同步下跌，可判斷是下跌趨勢。

接著匯率在通過低點 f 後，於高點 g（1.08636）更新了高點 e（1.08613），下跌趨勢崩潰變化為整理行情。

換言之，根據道氏理論此時為整理行情，所以應該避免出手。

長期線 歐元／美元 **4小時線圖**（2020年1月24日～2020年3月4日）

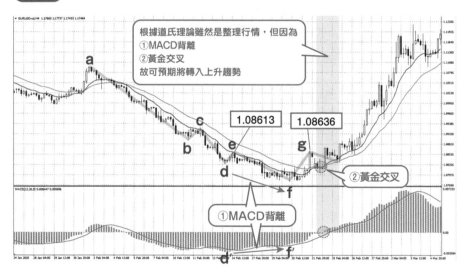

根據道氏理論雖然是整理行情，但因為
①MACD背離
②黃金交叉
故可預期將轉入上升趨勢

1.08613　1.08636

②黃金交叉

①MACD背離

檢查振盪指標

然而觀察**MACD**和**EMA**，已然出現**趨勢即將由下跌轉為上升的訊號**。

首先，匯率雖然由低點 d→f 下跌，但MACD線從低點 d'→f' 卻在上升，發生了①背離現象。

除此之外，還發生了EMA12由下而上穿過EMA26的②黃金交叉（＝MACD線由下穿越0軸），出現了強力的買進訊號。

1. **MACD背離**

2. **黃金交叉（＝MACD線由下穿越0軸）**

換言之，**道氏理論雖然仍是整理行情**，但未來由整理轉為上升趨勢的可能性很高，**可選擇在道氏理論轉為上升趨勢前提早買進布局。**

15分線的解說

分析短期線的15分線圖，因為可畫出**水平線Ⓐ**，所以可在支撐抵抗轉換的反彈處**買點1**和**買點2**進場布局。

短期線 歐元／美元 **15分線圖**（2020年2月21日～2020年2月25日）

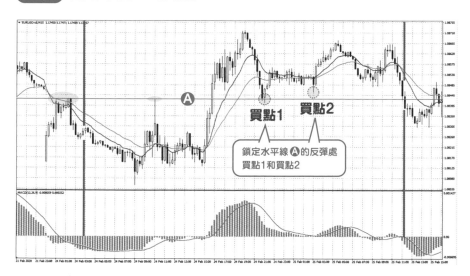

買點1　買點2

鎖定水平線Ⓐ的反彈處
買點1和買點2

本題只要找到黃金交叉和MACD背離
就贏了！
請在短期線圖中抵抗線轉為支撐線後
在反彈處進場吧！

演練題 5 使用RSI判斷趨勢

Q 請用4小時線圖認識市場環境,並判斷趨勢。然後根據分析結果,在15分線圖上尋找進場點。

長期線 歐元／美元 **4小時線圖** (2018年7月26日~2018年9月4日)

短期線 歐元／美元 **15分線圖** (2018年8月17日~2018年8月21日)

4小時線圖的趨勢為整理，但發生了①RSI背離、②黃金交叉。故可預期將轉入上升趨勢，可於15分線圖上支撐抵抗轉換後的反彈，或用葛蘭碧法則尋找買進點。

4小時線的解說

認識趨勢

在4小時線圖上分析趨勢，由於高點a→c、低點b→d高低點同步下跌，故**可判斷為下跌趨勢**。

匯率在到達低點d後刷新了高點c，所以**下跌趨勢崩潰轉為整理行情**。

換言之，用道氏理論分析趨勢，是屬於「觀望」的局面。

檢查振盪指標

另一方面，**檢查**振盪系指標的**RSI**，儘管匯率從低點b→d往下跌，但RSI的低點b'→d'卻往上升，發生了背離現象。

另外，EMA12也由下往上穿過EMA26，**發生了黃金交叉**，由此可知**趨勢轉換的可能性很高**。

因此，我們可以在道氏理論判斷整理行情轉換至上升趨勢前，提前買進布局。

長期線 歐元／美元　**4小時線圖**（2018年7月26日～2018年9月4日）

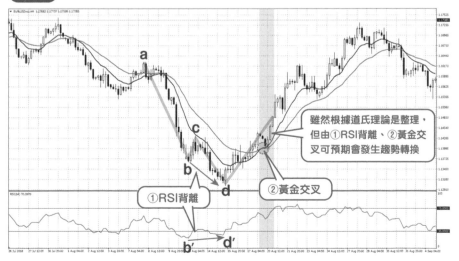

雖然根據道氏理論是整理，但由①RSI背離、②黃金交叉可預期會發生趨勢轉換

②黃金交叉

①RSI背離

15分線的解說

分析15分線圖後，可以畫出**水平線Ⓐ**，因此可在這條線的反彈處**買點1進場**。

還有，除此之外還能在143頁解說的移動平均線的葛蘭碧法則：「③移動平均線『向上』時，匯率由上往下靠近後反彈」的地方**（買點2）進場**。

短期線 歐元／美元 **15分線圖**（2018年8月17日～2018年8月21日）

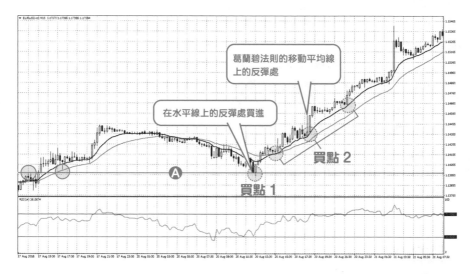

在15分線圖上，可以在支撐抵抗轉換的反彈點買點1進場，或是在葛蘭碧法則匯率靠近移動平均線後的買點2進場！

Chapter5

外匯保證金的
資金管理

在Chapter5我們要介紹與交易手
法同樣重要的「資金管理」。除
了具有優勢性的手法外，還要做
好資金管理的工作，才能穩定地
在外匯保證金投資中獲利。

資金管理是
外匯保證金交易的基石

只顧著尋找買賣時機是不會成功的

在外匯保證金投資中尋求利益的人，大半都只想知道怎麼尋找買賣時機。

換言之，大多數人都只想知道「什麼時候進場才能獲利？」。

的確，在外匯保證金投資中，能否從無數的買賣點位中找出具有優勢且高勝算的點，對於勝率會有很大的影響。

然而，是否這樣就足以在外匯市場獲利呢？答案是否定的。

要想在外匯保證金投資中持續並且穩定地獲利，必須在**有證據支持的情況下**不斷思考：

「要用多少金額、在哪裡進場、在哪裡退場」

這3個問題。

同時，這3個問題也是交易規則的構成要素。

交易規則的構成要素

❶ **交易金額（手數）**

❷ **進場時機（建倉）**

❸ **退場時機（停利或停損）**

這3個要素表裡一體，缺少任何一個就無法構成交易規則。

舉例而言，假設一個人買了某本教材，學會了應該在哪裡進場。

看完這本書後，這個人可能會產生一種錯覺，以為只要抓住了進場時機，就能在外匯保證金市場賺錢。

然而，除了進場之外，若不知道該如何依照自己手上的保證金決定**進場的手數**，不知道該把**停損的水位**和**停利的水位**設在哪裡，就無法做好資金管理，無法實現有紀律的交易。

另外，一如本章的解說，因為**資金管理太鬆散而導致勝率高卻不賺錢**——發生這種矛盾情況的風險也會提高。

資金管理是投資外匯保證金的重要基礎

不只是外匯投資，不管在哪個領域，急於求成而**疏於打好基礎的人，最終大多都會失敗**。

舉個簡單易懂的例子，就拿開車來說吧。

開車這回事，基本上只要知道怎麼啟動引擎、踩踏板和操作方向盤，就算是國中生也能立刻開上路。

但假如某天，有個從沒學過開車的人為了盡快趕到目的地，拜託駕訓班「教我開車的方法就好！交通標誌和道路規則我以後再學！」的話，結果會怎麼樣呢？也許這個人運氣很好，這次真順利開到了目的地。

但是，一個看不懂交通標誌也不懂道路規則的菜鳥如果繼續在馬路上行駛，總有一天會發生嚴重的車禍。

外匯保證金投資也是一樣的道理。

很多初學者常常跑來求我「請教我尋找進場時機的方法就好！」。

他們經常以為只要知道買賣時機就能獲利，膚淺地認為「資金管理好麻煩，就算不管理，只要能賺錢就好了吧？」。

實際上，外匯保證金投資就跟開車一樣，只要知道如何操作軟體和下單，不用幾分鐘就能開始交易。

然而，不懂得管理資金就買賣外匯保證金，跟全憑運氣的賭博毫無兩樣，總有一天會發生無法挽回的意外，賠得血本無歸。

資金管理乃是外匯投資的根基，沒有確實打好基礎的話，就無法建立可獲利的投資手法。

分析圖表尋找進場點的方法當然也很重要，但與此同時也必須**在資金管理這件事上投注相同的心力**。

交易規則必須事先決定
・交易量（手數）
・買賣時機
・平倉時機
這三者都是非常重要的要素！

想靠投資外匯賺錢必須提升的5大技能

但話說回來，**想成為一名成功的外匯保證金投資者，究竟需要哪些技能呢？**

我將必要的技能大致分類後，可以分為以下的5個要素：

成為一名成功投資者必備的 5 大要素
- ❶ **外匯保證金基本知識**
- ❷ **資金管理**
- ❸ **圖表分析（技術分析）**
- ❹ **基本分析**
- ❺ **心智管理**

外匯保證金的基本知識自不用說，是必須要知道的。

既然是投資，就應該100％了解投資對象的本質原理、具有哪些風險等最基礎的部分。

如果你在了解詳細的機制前，就因為覺得好像可以賺錢而貿然增加投資金額，那麼涉足外匯保證金的世界對你而言還太早了。

另外，本書並未詳細介紹外匯保證金的基本機制和圖表的閱讀方式。對於這方面知識沒有自信的人，請參考其他的外匯投資入門書。

其次是**資金管理**。

資金管理跟基本知識一樣，都是屬於投資的根基，是非常重要的部分。儘管如此，很多人卻不懂得資金管理就進場投資。然後，失敗的投資者幾乎毫無例外都有疏於資金管理的傾向。

在Chapter 5，我想透過演練題幫助各位學會資金管理中堪稱必要的知識。

③

圖表分析

②

資金管理

成為一個
成功投資者的
5 大要素

④

基本分析

⑤

心智管理

①

外匯保證金
基本知識

本書的主題聚焦在圖表分析和資金管理這2個外匯保證金的成功要素上。

開始寫演練題前的預備知識 ～關於pips～

在開始資金管理的演練題前，讓我們先整理一下解題需要的預備知識。

已有外匯投資經驗的人應該沒什麼問題，但如果你是初學者或者對自己的知識量沒有自信的話，請繼續閱讀下去，一起來認識什麼是「pips」吧。

所謂的pips，乃是匯率的基本單位。

包含日幣在內的貨幣對

對於美元／日圓和歐元／日圓等貨幣對，

> 1pips＝1錢＝0.01日圓

換言之，當美元兌日圓的匯率從110.500日圓上漲至110.600日圓的時候，就相當於上升了「0.10日圓＝10錢＝10pips」。

不包含日幣的貨幣對

另一方面，對於不含日幣的歐元／美元和英鎊／美元等貨幣對而言，

> 1pips＝0.0001美元

換言之，當歐元／美元的匯率從1歐元＝1.12400美元下跌至1.12000美元時，就相當於下跌「0.004美元＝40pips」。

而貨幣對中也有不含日幣也不含美元，像是歐元／英鎊、歐元／澳幣等貨幣對。**對於所有不含日幣的貨幣對，皆以小數點後第4位為1pips。**

例	含日幣的貨幣對	不含日幣的貨幣對
	美元兌日圓	歐元兌美元
1pips ＝	0.01 日圓（1 錢）	0.0001 美元

開始寫演練題前的預備知識　～其他用語集～

專門術語的部分在各演練題中也有詳細的解說，這裡我們先整理成表格。

用　語	意　義
手	即外匯保證金的交易單位，如1手、2手、3手……等，在外匯保證金中是以手為買賣單位。1手可以是1,000單位貨幣、1萬單位貨幣、甚至10萬單位貨幣，每家外匯公司都可能不同
交易量（貨幣量）	從手數×單位交易量（＝1手的貨幣量）算出交易的貨幣總量
槓桿	最高可交易保證金25倍※的制度
實質槓桿	用現在的本國匯率換算出的交易金額，以及扣掉帳面損益後從有效保證金計算出來的槓桿
有效保證金	最初存入的保證金扣掉未實現的帳面損益（帳面虧損或帳面利益）後的金額
保證金維持率	用來評估追加保證金和停損水位的指標，可用以下公式計算： 保證金維持率（％）＝2,500÷實質槓桿
風險報酬比	單次交易的「虧損：利益」的比率
風險容許度	投資金額在單次交易中可容許的最高虧損比例

※各國的規定不同，在日本最高只能到25倍。

計算外匯保證金的損益
（包含日幣的貨幣對）

Q 用110.000日圓的匯率購買1手＝1,000單位的美元／日圓，請問在110.500日圓平倉時，損益是多少？

A 根據以下計算，算出可獲利500日圓。

交易損益 ＝ 買賣價差 × 交易量

　　　　＝（110.500日圓 － 110.000日圓）× 1,000單位

　　　　＝ ＋500日圓

了解「買賣價差」和「交易量」的意義

　　外匯保證金的損益計算，包含日幣的貨幣對和不包含日幣的貨幣對，計算方法不一樣。**計算如美元兌日圓或歐元兌日圓等包含日幣的貨幣對時**，交易損益可用以下的算式求出。

> 交易損益 ＝ 買賣價差 × 交易量
>
> 　　　　（買賣價差 ＝ 賣價 － 買價）
>
> 　　　　（交易量 ＝ 手數 × 單位交易量）

　　外匯不只可以先買後賣，也可以先賣後買，但2種方式的交易價差都是**「賣價－買價」**。

　　此外，所謂的交易量則是指該交易的貨幣總量。外匯保證金的交易合約數是用1手、2手、3手來計算，所以交易量就是**「手數×1手的貨幣量」**。

　　1手等於多少貨幣會因外匯公司而異，以下列出3種常見的類型。

　　・**1手 ＝ 1千單位（可少量交易）**

　　・**1手 ＝ 1萬單位（適合本金充足的人）**

　　・**1手 ＝ 10萬單位（大多是外國的外匯公司）**

另外，本書是以近年日本主流的**「1手＝1千單位」**來解說。

那麼，下面來看看幾個具體的例子吧。

例題1

- ・交易貨幣：**歐元／日圓**
- ・交易量：**3手 ＝ 3,000單位**
- ・建倉價（賣）：**120.350日圓**
- ・平倉價（買）：**120.750日圓**

如果你是日幣的使用者，計算含日圓的貨幣對的損益會比較簡單。

平倉 120.750 日圓 ┄┄┄┄

↑

賣價 120.350 日圓 ┄┄┄┄

40PIPS
(40 錢)
×3,000 單位
＝ －1,200 日圓

交易損益 ＝（120.350日圓 － 120.750日圓）× 3,000單位 ＝ －1,200日圓

例題2

- ・交易貨幣：**澳幣／日圓**
- ・交易量：**50手 ＝ 50,000單位**
- ・建倉價（買）：**73.150日圓**
- ・平倉價（賣）：**74.150日圓**

交易損益 ＝（74.150日圓 － 73.150日圓）× 50,000單位 ＝ ＋50,000日圓

「基礎貨幣」指的是貨幣對左邊的貨幣

另外，這裡說的「貨幣」數量和1手＝1,000「單位」的意思，都是指「基礎貨幣」，也就是**貨幣對左側的貨幣**。

譬如：

交易1手＝1,000單位的**美元**／日圓，就是指交易1,000**美元**

交易3手＝3,000單位的**歐元**／日圓，就是指交易3,000**歐元**

的意思。

這是對理解後文將介紹的槓桿不可或缺的重要知識，請務必牢牢記住。

計算外匯保證金的損益
（不包含日幣的貨幣對）

Q 以1.12800的價格賣出1手＝1,000單位的歐元／美元，請問在1.12500的價格平倉時，損益是多少？
請用1美元＝110日圓的匯率換算成日圓。

A 根據以下計算，可算出獲利330日圓
交易損益 ＝ 買賣價差 × 交易量 × 日圓匯率
＝（1.12800美元 － 1.12500美元）× 1,000單位 × 110日圓
＝＋330日圓

買賣不包含日幣的貨幣對時要再乘上日幣匯率

對於不含日幣的貨幣對，「買賣價差×交易量」**算得的金額單位並非日圓，而是貨幣對右側的貨幣金額**。

因此，要求出換算成日圓後的損益，還必須要**再乘上貨幣對右側的貨幣兌換成日幣的匯率（日圓匯率）**。

譬如買賣歐元／美元的時候，因為右側的貨幣是美元，所以要再乘上美元兌日幣的匯率。

同樣地，如果是買賣歐元／英鎊，因為右側的貨幣是英鎊，所以要再乘上英鎊兌日幣的匯率。

※因本書作者為日本人，故此處換算成日圓。台灣讀者請改用台幣匯率。

整理之後，可知不含日幣的貨幣對損益計算方式如下。

> 交易損益 ＝ 買賣價差 × 交易量 × 日圓匯率
> ※ 日圓匯率：貨幣對右側貨幣兌日幣的匯率

那麼，下面來看看幾個具體的例子吧。

例題 3

- ·交易貨幣：**英鎊／美元**
- ·交易量：**5手 = 5,000單位**
- ·建倉價（賣）：**1.12400美元**
- ·平倉價（買）：**1.12800美元**
- ·日圓匯率：**1美元＝110日圓**

平倉 1.12800 美元

賣出 1.12400 美元

40PIPS
（0.004 美元）

×5,000 單位
= 20 美元 ×110 日圓
= －2,200 日圓

交易損益 ＝（1.12400美元 － 1.12800美元）× 5,000單位 × 110日圓
＝ －2,200日圓

例題 4

- ·交易貨幣：**歐元／英鎊**
- ·交易量：**10手 = 10,000單位**
- ·建倉價（買）：**0.89000英鎊**
- ·平倉價（賣）：**0.89500英鎊**
- ·日圓匯率：**1英鎊 = 130日圓**

交易損益 ＝（0.89500英鎊 － 0.89000英鎊）× 10,000單位
×130日圓
＝ ＋6,500日圓

　　即使說不懂得計算損益就無法開始投資外匯也不為過，損益計算就是這麼地重要。

　　還不熟悉計算損益的人也請不要逃避，因為這是後文介紹的資金管理的基礎，請一定要確實搞懂。

計算不包含日圓的貨幣對時，要再乘上右側貨幣兌日幣的匯率（日幣匯率）。

※台灣讀者無論有無日圓都請一律乘上台幣匯率。

演練題

3 計算槓桿

Q 在外匯公司存入10萬日圓的保證金。此時以110日圓的價格交易5手＝5,000單位的美元／日圓，請問槓桿是幾倍？

A 根據以下計算，可算出槓桿為5.5倍。

槓桿 ＝ 換算回日幣的交易金額 ÷ 保證金

　　 ＝ 交易量 × 日圓匯率 ÷ 保證金

　　 ＝ 5,000單位 × 110日圓 ÷ 10萬日圓

　　 ＝ 5.5倍

槓桿是由交易量控制的

很多人對槓桿有所誤解，但槓桿乃是外匯保證金風險管理的骨幹，在投資時必須對槓桿有正確的認識。

所謂的槓桿投資，是一種**最高可以用存入外匯公司的保證金額度25倍（僅限日本）來交易的機制**。相信學過外匯投資的人應該都曾聽過。

但是，**槓桿倍數本身並不能直接按照你的喜好隨意調整**，譬如將槓桿改成2倍、3倍、4倍。

槓桿是用手數、本國貨幣的匯率、保證金計算出來的東西，所以投資人需藉由手數，也就是**藉由調整交易量來控制槓桿**。

槓桿的計算方式，對於所有貨幣對都是相同的。計算公式如下：

> **槓桿 ＝ 換算成本國貨幣的金額 ÷ 保證金**

另外，換算成本國貨幣的金額，可以用貨幣對「左側的貨幣」乘以本國貨幣的匯率來算出。

那麼，下面來看看幾個具體的例子吧。

例題 5

- ·交易貨幣：**歐元／日圓**
- ·交易量：**3手 = 3,000單位**
- ·保證金：**10萬日圓**
- ·歐元／日圓匯率：**120日圓**

> 換算回日幣的交易金額 = **3,000單位 × 120日圓 = 36萬日圓**

因此槓桿是：

> 槓桿 = **換算回日幣的交易金額 ÷ 保證金**
> = **36萬日圓 ÷ 10萬日圓**
> = **3.6**

例題 6

- ·交易貨幣：**英鎊／美元**
- ·交易量：**50手 = 50,000單位**
- ·保證金：**30萬日圓**
- ·英鎊／日圓匯率：**140日圓**

> 換算回日幣的交易金額 = **50,000單位 × 140日圓 = 700萬日圓**

因此槓桿是：

> 槓桿 = **換算回日幣的交易金額 ÷ 保證金**
> = **700萬日圓 ÷ 30萬日圓**
> = **23.3**

> 槓桿是用手數、本國匯率、保證金
> 計算出來的。
> 這裡大家只要調整交易手數，就能
> 改變槓桿。

演練題 4 用交易手數調整槓桿

Q 在外匯公司存入30萬日圓的保證金。若欲以10倍槓桿交易美元／日圓，請問應該交易多少手（1手＝1,000單位）才好？假設美元／日圓的匯率是100日圓。

A 根據以下計算，可算出答案為30手。

槓桿 ＝ 換算回日幣的交易金額 ÷ 保證金
　　 ＝ 交易量 × 日圓匯率 ÷ 保證金

根據上式，

交易量 ＝ 保證金 × 槓桿 ÷ 日圓匯率
　　　 ＝ 30萬日圓 × 10倍 ÷ 100日圓
　　　 ＝ 30,000單位

而1手 ＝ 1,000單位，
故手數 ＝ 30,000單位 ÷ 1,000單位 ＝ 30手

另外，如果交易量無法整除的話，請將小數點以下的部分四捨五入或無條件捨去。

對槓桿沒有概念，就無法管理風險

在投資外匯保證金時，**必須先決定自己可承擔多大的槓桿，然後把交易手數控制在那個範圍內**。

此時，如果不知道怎麼依照自己手上的保證金來計算「當交易○○手的某貨幣對時，槓桿會是幾倍」，就無從開始交易。

現在各家外匯公司都有提供可輕鬆算出槓桿的模擬工具，為了避免無謂的失敗，

請盡量讓自己熟悉槓桿吧。

那麼，下面來看看幾個根據槓桿計算交易手數的例題。

例題 7

- ‧交易貨幣：**歐元／日圓**
- ‧目標槓桿：**10倍**
- ‧保證金：**20萬日圓**
- ‧歐元／日圓匯率：**120日圓**

交易量 = 保證金 × 槓桿 ÷ 日圓匯率

= **20萬日圓 × 10倍 ÷ 120日圓**

= **16,667單位（對16,666.6的小數點後第1位四捨五入）**

因為1手 = 1,000單位

故手數 = 16,667單位 ÷ 1,000單位

= **17手（對16.6的小數點後第1位四捨五入）**

例題 8

- ‧交易貨幣：**英鎊／美元**
- ‧目標槓桿：**5倍**
- ‧保證金：**30萬日圓**
- ‧英鎊／日圓匯率：**140日圓**

交易量 = 保證金 × 槓桿 ÷ 日圓匯率

= **30萬日圓 × 5倍 ÷ 140日圓**

= **10,714單位（對10,714.2的小數點後第1位四捨五入）**

因為1手 = 1,000單位

故手數 = 10,714單位 ÷ 1,000單位

= **11手（對10.7的小數點後第1位四捨五入）**

了解實質槓桿

Q 保證金50萬日圓，以100日圓的價格購買10手＝1萬單位的美元／日圓。然後美元／日圓的匯率上漲至105圓，請問最初的槓桿跟現在的實質槓桿分別是多少？

A 根據以下計算，可算出最初的槓桿為2倍，實質槓桿為1.9倍。

最初的槓桿可用建倉時的日圓匯率和保證金算出。

槓桿 ＝ 換算回日幣的交易金額 ÷ 保證金
　　 ＝ 1萬單位 × 100日圓 ÷ 50萬日圓
　　 ＝ 2倍

而實質槓桿可用現在的日圓匯率換算回日幣後的交易金額，以及扣掉帳面損益後的保證金（即有效保證金）算出。

帳面損益 ＝ 價差 × 交易量
　　　　 ＝（105日圓 － 100日圓）× 1萬單位 ＝ ＋5萬日圓

有效保證金 ＝ 原始保證金 ± 帳面損益（未實現的利益或虧損）
　　　　　 ＝ 50萬日圓 ＋ 5萬日圓
　　　　　 ＝ 55萬日圓

因此，
實質槓桿 ＝ 換算回日幣的交易金額 ÷ 有效保證金
　　　　 ＝ 1萬單位 × 105日圓 ÷ 55萬日圓
　　　　 ＝ 1.9

實質槓桿是由「有效保證金」計算出來的

槓桿有**進場建倉時的槓桿**，以及用當前的匯率計算出來的**實質槓桿**2種。

而在投資外匯保證金時，這2種都很重要。

在進場的時候，我們需要把握用多少手數交易，槓桿會是多少；而在進場後，則需要持續監視隨著匯率變動，實質槓桿變成了多少。

首先，讓我們先整理一下計算實質槓桿時必須用到的**「有效保證金」**的概念。

所謂的有效保證金，指的是**最初存入的保證金扣掉未實現的帳面損益（未實現利益或未實現虧損）後的金額**。

比如說，我們在一開始存入了50萬日圓的保證金，然後進場做了一筆交易，結果現在手上的部位有5萬日圓的未實現利益，那麼此時我們的有效保證金就是55萬日圓（50萬日圓＋5萬日圓）。

另一方面，假如這個部位有未實現虧損5萬日圓，那麼有效保證金就變成了45萬日圓（50萬日圓－5萬日圓）。

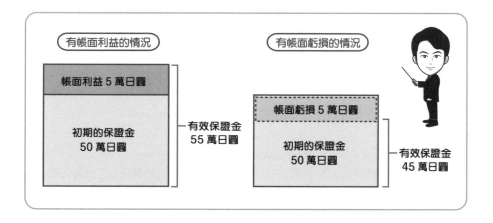

另外，**有效保證金**也會在後面將要說明的**判斷強制停損**一節用到，所以請好好記住這個詞的意思。

實質槓桿會隨匯率波動而改變

　　實質槓桿是用現在的本國匯率換算回本國貨幣後的交易金額（部位的帳面價值），跟前述的有效保證金算出來的。

> **實質槓桿 = 用當前匯率換算回本國貨幣後的交易金額 ÷ 有效保證金**

　　那麼，讓我們使用演練題5的條件，看看實質槓桿會怎樣隨匯率變動而變化吧。

例題 9

- ·交易貨幣：**美元／日圓**
- ·交易量：**10手＝1萬單位**
- ·保證金：**50萬日圓**
- ·建倉價（買）：**100日圓**

進場時的槓桿＝換算回日幣的交易金額÷保證金
　　　　　　＝1萬單位×100日圓÷50萬日圓
　　　　　　＝2倍

　　此時，讓我們來看看當美元兌日圓的匯率上升到105日圓（情境1）和下跌至95日圓（情境2）時，實質槓桿分別會是多少吧。

➡情境 1：美元／日圓上漲到 105 日圓時
按照演練題5的描述，因為帳面利益有5萬日圓，所以有效保證金是55萬日圓。
因此由以下算式可算出實質槓桿為1.9倍。

> **實際槓桿 = 換算回日幣的交易金額 ÷ 有效保證金**
> 　　　　**= 1萬單位 × 105日圓 ÷ 55萬日圓**
> 　　　　**= 1.9倍**

→情境 2：美元／日圓下跌到 95 日圓時

接著再來看看當美元兌日圓的匯率下跌，出現帳面虧損時，實質槓桿又會變成多少吧。

帳面損益 ＝ 價差 × 交易量

　　　　　＝（95日圓 － 100日圓) × 1萬單位

　　　　　＝ －5萬日圓

有效保證金 ＝ 預存保證金 ± 帳面損益（未實現利益或未實現虧損）

　　　　　　＝ 50萬日圓 － 5萬日圓

　　　　　　＝ 45萬日圓

因此，

實際槓桿 ＝換算回日幣的交易金額 ÷ 有效保證金

　　　　　＝1萬單位 × 95日圓 ÷ 45萬日圓

　　　　　＝2.1

整理以上計算，可得知匯率和實質槓桿的關係是：當匯率**朝會產生帳面利益的方向移動時，實質槓桿會降低**；當匯率**朝會產生帳面虧損的方向移動時，實質槓桿會提高**。

實質槓桿	有效保證金	帳面損益
減少↓↓	增加↑↑	帳面利益↑↑
增加↑↑	減少↓↓	帳面虧損↓↓

另外，如同次頁的說明，**當實質槓桿超過25倍時就需要追加保證金**（因日本的外匯槓桿最高只到25倍）。由此可知，一開始就用25倍的槓桿進場，其實是非常危險的做法。

實質槓桿與保證金維持率的關係

外匯保證金交易存在**當帳面虧損超過一定額度後，就會被要求追加存入保證金的「追加保證金制度」**。假如不在期限前補充保證金，部位就會被強制平倉。

另外，即使還沒到存入期限，如果帳面虧損又更加擴大，那你的**部位就會被「強制停損」**。

一般而言，日本的外匯公司會在**實質槓桿超過25倍時追加保證金**，然後在**實質槓桿超過50倍時替你強制停損**[1]。

這裡有個常常把初學者搞得暈頭轉向的部分，就是追加保證金制度和強制停損其實是用一個**名為「保證金維持率（％）」的指標在管理**的。

不過，保證金維持率（％）跟實質槓桿在本質上其實是一樣的東西，並具有以下的關係：

當實質槓桿25倍，保證金維持率為100％；實質槓桿50倍，保證金維持率為50％[2]。

保證金維持率（％）＝ 2,500 ÷ 實質槓桿

保證金維持率	實質槓桿	
2,500%	1 倍	
1,250%	2 倍	
500%	5 倍	
250%	10 倍	
100%	25 倍	← 追加保證金
50%	50 倍	← 強制停損

※1 每間外匯公司的追加保證金和強制停損的實質槓桿不一樣，計算時請務必向您的外匯公司確認。
※2 僅限日本的外匯公司。若你的外匯公司槓桿倍數為50倍，則實質槓桿50倍時保證金維持率為100％。

交易時應把實質槓桿控制在一定範圍內

那麼實質槓桿應該控制在多少比較好呢？

相信很多人都會有此疑問。

直接說結論，實質槓桿的最適合數值會因每個投資者對虧損的承受能力，以及他們的交易風格而有所不同，所以無法一概而論地說「○○倍最好」。

另外，在實際交易中並不會用實質槓桿來決定何時停損或停利。**保證金維持率**也一樣。

此時不應該用實質槓桿，而應該從資金管理的角度，用損益計算和圖表分析判斷在匯率到達A點時停損、在到達B點時停利，**用匯率水位當成買賣的指標**。

那麼，難道實質槓桿沒有任何意義嗎？倒也不是如此。

槓桿這個東西的本質，其實是**單筆交易相對於本金（保證金）的投資規模**。而我們可以藉由隨時監視槓桿的大小，判斷目前的投資規模是否符合自己的能力和投資目的。

相反地，如果完全不了解自己的槓桿，有的時候用10倍槓桿，有的時候用20倍槓桿投資，每筆交易都毫無規律的話，就跟完全不做資金管理沒有兩樣。

作為參考，下面列出了超短線交易和當日沖銷等短期買賣，以及利用利率差長期持有的長期買賣較適合的實質槓桿基準。

短期買賣的話建議初學者控制在5倍，中上級者控制在10倍為佳。

	實質槓桿	保證金維持率
短期交易	10 倍以內	250%以上
長期交易	3 倍以內	833%以上

6 計算強制停損的水位

Q 保證金50萬日圓，以100日圓的價格購買10手＝1萬單位的美元／日圓。請計算此時會觸發強制停損的匯率。
假設該外匯公司會在實質槓桿50倍（＝保證金維持率50%）時強制停損。

A 根據以下計算，可算出強制停損的匯率是51.020日圓。

實質槓桿的算式為：

實質槓桿 ＝ 換算回日幣的交易金額 ÷ 有效保證金
　　　　 ＝ 換算回日幣的交易金額 ÷（預存保證金 ± 帳面損益）

此時，假設會觸發強制停損的匯率為A日圓，

50倍 ＝ 1萬單位 × A日圓÷（50萬日圓＋（A日圓－100日圓）
　　　 × 1萬單位）

展開此式後就是

10,000×A＝50×（500,000＋（A－100）×10,000）
10,000A＝25,000,000＋500,000A－50,000,000
490,000A＝25,000,000
A＝51.020

外匯投資失敗的人共通的模式是？

在外匯保證金的世界，據說有獲利的投資者只有2成，剩下8成的投資者都是賠錢的。

那麼，成功的投資者和失敗的投資者究竟有何不同呢？

失敗的投資者通常都有幾個共同之處，至少符合以下7點的其中之一。

> 1. **不做停損，或不會停損**
> 2. **總是用高槓桿交易**
> 3. **一打開圖表就馬上開始下單**
> 4. **會嘗試攤平虧損**
> 5. **交易沒有明確的根據**
> 6. **以為自己與眾不同**
> 7. **容易被情感左右**

其中尤以與本章息息相關的第1點「不做停損，或不會停損」和第2點「總是用高槓桿交易」為最大主因，是區分成功投資者和失敗投資者的最大因素。

在網路上時而會出現「投資外匯賠掉○○千萬日圓！」的新聞，其原因幾乎都是用高槓桿去交易，然後又不做停損所導致。

這種人在虧損時常常會抱著「反正總有一天會漲／跌回來」的希望，無法及早停損，結果導致帳面虧損愈來愈大，變得騎虎難下，最後落得強制平倉慘賠收場。

懂得賺錢的高級投資者，則會事先設想最壞的情況，盡早進行停損。

只要理解上述7點，避免做出這些行為，就能減少虧損的風險。

> 據說能在外匯市場獲利的投資者只有2成。剩下8成的投資者都是因為以上原因而失敗的！

風險報酬比一定要設定成
風險＜報酬

Q 在美元／日圓匯率為110.500日圓時進場做多，並以110.700日圓為停利點，以110.400日圓為停損點時，請問風險報酬比是多少？

A 根據以下計算，可算出風險報酬比為1：2。

獲利空間 ＝ 110.700 － 110.500 ＝ 0.2日圓
虧損空間 ＝ 110.500 － 110.400 ＝ 0.1日圓

風險報酬比是
「風險（虧損空間）：報酬（獲利空間）＝0.1日圓：0.2日圓
＝1：2」。

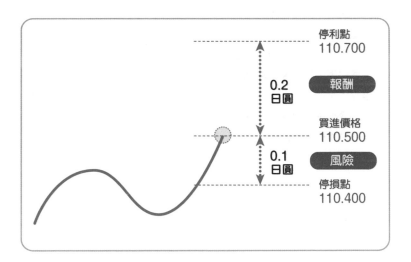

對於不包含日幣的貨幣對，計算方式也一樣。

例題 10

- **貨幣對：歐元／美元**
- **買進價格：1.12000**
- **停利點：1.12600**
- **停損點：1.19800**

風險：報酬 = 20pips：60pips = 1：3

想在外匯投資獲利就必須提高風險報酬比

坊間常看到用「勝率80％！」等廣告詞強調勝率的投資手法。

這種廣告常常讓人以為只要採用高勝率的投資法，就能愈投資賺愈多，使初學者怦然心動。

然而很遺憾地，一個投資手法如果沒有設定適當的風險報酬比，那不論它的勝率有80％還是90％，最後本金也只會不斷減少。

這是為什麼呢？下面就讓我們來解釋一下。

首先，外匯保證金的投資勝率可用獲利的交易次數除以總交易次數算出。

勝率（％）= 獲利的交易次數 ÷ 總交易次數 × 100

譬如交易100次，一共有50次賺錢，那麼勝率就是「50％」；一共有80次賺錢則勝率就是「80％」。

接著，風險報酬比如同先前的說明，是1次交易的「虧損：獲利」的比率。

此時，讓我們以下列的風險報酬比和勝率，算算看交易1萬單位的美元／日圓100次時損益到底是多少吧。

例題 11

- **交易次數：100次**
- **勝率：80％**
- **風險（虧損空間）：100錢（＝1日圓）**
- **報酬（獲利空間）：20錢（＝0.2日圓）**
- **交易量：1萬單位**

交易損益
= 獲利次數 × 交易量 × 獲利空間 － 虧損次數 × 交易量 × 虧損空間
= 100 × 80% × 1萬單位 × 0.2日圓 －100 × 20% × 1萬單位 × 1日圓
= －4萬日圓

儘管勝率高達80%，但結果還是虧了4萬日圓。

其原因顯而易見，因為1次交易的虧損空間遠比獲利空間大得多，所以每次獲利**賺得少**，但只要一虧損就會**一口氣**賠掉先前累積的利益。

另一方面，我們再來看看換成勝率40%，但在風險＜報酬的條件下交易100次時，損益情況會是如何吧。

例題 12

- 交易次數：**100次**
- 勝率：**40%**
- 風險（虧損空間）：**50錢（＝0.5日圓）**
- 報酬（獲利空間）：**100錢（＝1日圓）**
- 交易量：**1萬單位**

交易損益
= 獲利次數 × 交易量 × 獲利空間 － 虧損次數 × 交易量 × 虧損空間
= 100 × 40% × 1萬單位 × 1日圓 － 100 × 60% × 1萬單位 × 0.5日圓
= ＋10萬日圓

儘管勝率只有40%，但結果卻獲得10萬日圓的收益。

換言之，從以上的例子即可明顯看出，想在外匯市場獲利光是提升勝率沒有意義，**在風險報酬比和勝率之間取得平衡**，同時提高兩者更重要。

另外，一般而言如果風險＜報酬的話，勝率就會降低。

這是因為當虧損空間比獲利空間小，停損的水位就會更接近進場價格，所以觸發停損的機率比較高。

相反地，如果**風險＞報酬**，那麼勝率就會提升。

　　舉個極端的例子，假設把獲利空間設定為1錢，虧損空間設定為100錢，使獲利空間大幅小於虧損空間，那麼任何人都能實現80％、90％的高勝率。

　　然而，不考慮風險報酬比的勝率純粹只是裝飾，本質上沒有任何意義。

　　唯有保持風險＜報酬，再來提高勝率，才能在外匯保證金投資中賺錢。

風險報酬比與勝率可參考鮑爾紹拉的破產機率

　　風險報酬比跟勝率是反比關係，**只要著重其中一方，另一方就會降低。**

　　這裡為了讓大家對如何拿捏勝率和風險報酬比的平衡有個參考，將介紹一個名叫**「鮑爾紹拉破產機率」**的觀念。

　　所謂的鮑爾紹拉破產機率，是由數學家瑙澤・鮑爾紹拉（Nauzer Balsara）提出，可從勝率、風險報酬比以及**1次交易相對於投資金額可容許的最高虧損比例（風險容許度），計算出持續交易下去時破產的機率。**

> 鮑爾紹拉破產機率的組成要素
> ・勝率：獲利交易數 ÷ 總交易次數
> ・風險報酬比 ＝ 平均獲利 ÷ 平均虧損
> ・風險容許度 ＝ 單次交易的最大虧損額 ÷ 投資金額

　　譬如按照次頁的表格，當風險報酬比為2，勝率為30％時，破產機率就是100％；但當勝率為40％時，破產機率只有2％；勝率超過50％時，破產機率就是0％。

> 所謂的鮑爾紹拉破產機率，是根據單次交易的勝率、風險報酬比（損益率），推算出持續交易下去時破產的機率表。
> 由此可見風險報酬比的重要性。

鮑爾紹拉破產機率（風險容許度 5% 的情況）

容許風險		勝率								
5%		10%	20%	30%	40%	50%	60%	70%	80%	90%
風險報酬比	0.2	100	100	100	100	100	100	100	100	0
	0.4	100	100	100	100	100	100	100	0	0
	0.6	100	100	100	100	100	100	0.0	0	0
	0.8	100	100	100	100	100	2	0	0	0
	1.0	100	100	100	100	100	0.03	0	0	0
	1.2	100	100	100	100	4	0	0	0	0
	1.4	100	100	100	100	0.4	0	0	0	0
	1.6	100	100	100	37	0.1	0	0	0	0
	1.8	100	100	100	7	0.0	0	0	0	0
	2.0	100	100	100	2	0.0	0	0	0	0
	2.2	100	100	100	0.7	0	0	0	0	0
	2.4	100	100	72	0.3	0	0	0	0	0
	2.6	100	100	30	0.2	0	0	0	0	0
	2.8	100	100	14	0.1	0	0	0	0	0
	3.0	100	100	8	0.1	0	0	0	0	0

※ 另外，鮑爾紹拉破產機率的風險容許度愈高，整體的破產機率就會上升。

勝率50%、獲利：損失＝1：1是不會賺錢的

這裡要注意的是，當**風險報酬比為1**時，**就算勝率有50%，破產機率依然為100%**。

利益與虧損的比率為1：1且勝率為50%，乍看之下感覺破產的機率應該是一半一半才對。

然而在投資的世界，當某次的虧損比率等於本金的1%時，下次的獲利比率必須超過剩餘本金的1%才能打平，所以勝負各半的狀態是活下不去的。

比如10萬日圓的資產減少10%變成了9萬，此時要讓本金回到原本的狀態，10%的獲利是不夠的。

因為已經減少後的本金為9萬日圓，而9萬本金獲利10%後加起來只有9萬9,000

日圓，要恢復至10萬日圓至少需要11.1%以上的獲利率。

這就是為什麼資金管理對投資如此重要，如果資金管理做得太隨便，不小心一次賠掉太多本金，將需要更高的獲利率（％）才能賺回賠掉的部分。

但與此同時，這個機制也並非只有缺點。相反地，當資產增加時，也將會以指數上升。

沒錯，這就是各位應該都認識的**「複利」的力量**。

假如10萬日圓的資產增加10%變成了11萬日圓（＋1萬日圓），則下次再獲利10%時就會增加1萬1,000日圓。

既然投資不可能永遠有賺無賠，那麼能否管理好失敗，把複利變成自己的武器，可以說就是決定成敗的分水嶺。

應優先改善風險報酬比，然後再來提高勝率

勝率終究是一個由市場決定的變數，不可能完全由我們操控。

另一方面，**風險報酬比是由虧損和利益的比率計算得出**，可以由投資者自己決定。

換言之，在勝率和風險報酬比之間，風險報酬比才是更重要的一方，如何把這個值設定成對自己有利的狀態非常重要。

從鮑爾紹拉破產機率也能看出，當風險報酬比不滿1的時候，破產機率將極端上升，所以首先**請把風險報酬比設定在2以上，再來想辦法把勝率提高40%以上**。

然後，透過技術分析和基本分析，實現具優勢（edge）的交易，即使只有1%的勝率也沒關係，慢慢提高勝率，才是在外匯市場獲利的不二法門。

風險報酬比不滿1時，破產機率將極端上升。
所以請把風險報酬比設定在2以上，再以40%勝率為目標吧。

演練題

8

從風險容許度推算停損水位
（包含日幣的情況）

Q 在外匯公司存入10萬日圓的保證金。以132.50日圓的價格購買5手＝5,000單位的英鎊／日圓，若想把單次的損失控制在保證金的2%之內（風險容許度），請問停損點應該設於何處？

A 根據以下計算，可算出最高虧損額為2,000日圓，故須將停損點設在132.10日圓。

若想把單次虧損的金額控制在保證金的2%以內，那麼可容許的最大虧損金額為：

最大虧損金額 ＝ 保證金 × 風險容許度
　　　　　　 ＝ 10萬日圓 × 2%
　　　　　　 ＝ 2,000日圓

此時，假設停損點為A日圓，

交易損益 ＝ 買賣價差 × 交易量
　　　　 ＝（賣價 － 買價）× 交易量
－2,000日圓＝（A日圓 － 132.50日圓）×5,000單位

　A ＝ －2,000日圓 ÷ 5,000單位 ＋ 132.50日圓
　　 ＝ 132.10日圓

一定要設好停損點

有些投資人會主張「停損點不是必要的」、「反正匯率總有一天會回到原本的水位，所以帳面虧損放著就好」。

相信各位讀者中應該也有人相信了這種說法，不設停損點就進場交易吧。

投資外匯保證金究竟是不是一定要設停損點呢？

直接說結論：**「除了少數例外情況，投資外匯保證金時一定要設置停損點」**。

首先，**不用設停損點的情況**，只有以下2種。

> ❶ **一開始就打算進行長期投資**
>
> ❷ **槓桿只有1倍，理論上沒有被強制停損的風險**

最初明明抱著短期投資的打算進場，但出現帳面虧損後因為不想實現虧損而改打長期戰，這樣的想法是行不通的。

雖說外匯的價格波動比股票更小，但一年仍有10～20%的波動。假使槓桿為5倍的話，只要匯率朝你投資的相反方向移動20%，你的本金就會歸零。

還有一如前面的說明，根據鮑爾紹拉破產機率，更必須將風險報酬比維持在1以上才行。

風險容許度應控制在最高5%以下

所謂的**風險容許度**，就是指**單次交易可以忍受多少程度的虧損**。風險容許愈大，損益的搖擺幅度也愈大，所以獲利時的期望值也會提高。

風險容許度會因每個人的投資目的和資產狀況而異，但**若要進行使用槓桿的短期投資，最好控制在投資本金的5%以下**。

一如前述，一旦投資失利產生較大的虧損，將需要比虧損率更高的獲利率才能扳回賠掉的部分，所以必須盡可能讓損失控制在最小，然後盡可能提高獲利。

> **風險容許度的基準：3%左右**
>
> **（即使是激進的投資者也應控制在5%以下為佳）**

從風險容許度推算停損水位
（不含日幣的情況）

Q 在外匯公司存入10萬日圓的保證金。以1.12000美元的價格買進5手＝5,000單位的歐元／美元，若想把單次的損失控制在保證金的3%之內（風險容許度），請問停損點應該設於何處？假設日圓匯率為1美元＝100日圓。

A 根據以下計算，可算出最高虧損額為3,000日圓，故須將停損點設在1.11400美元。

要把單次虧損的金額控制在保證金的3%以下，則可容許的最大虧損金額是：

最大虧損金額 ＝ 保證金 × 風險容許度
　　　　　　 ＝ 10萬日圓 × 3%
　　　　　　 ＝ 3,000日圓

此時，假設停損點為A日圓，

交易損益 ＝ 買賣價差 × 交易量 × 日圓匯率
　　　　 ＝（賣價－買價）× 交易量 × 日圓匯率
－3,000日圓 ＝（A － 1.12000）× 5,000單位 × 100日圓

由上可算出A的值為：
　A ＝ －3,000日圓 ÷ 5,000單位 ÷ 100日圓 ＋ 1.1200
　　 ＝ 1.11400

那麼，下面再來寫寫其他計算停損點的例題吧。

例題 13

- ・保證金：30萬日圓
- ・交易貨幣：美元／日圓
- ・交易量：10手＝10,000單位
- ・建倉價（賣）：110.50日圓
- ・風險容許度：2%

最大虧損金額 ＝ 保證金 × 風險容許度
　　　　　　 ＝ 30萬日圓 × 2%
　　　　　　 ＝ 6,000日圓

此時，假設停損點為A日圓，

交易損益 ＝ 買賣價差 × 交易量 ＝（賣價－買價）× 交易量
－6,000日圓 ＝（110.50日圓 －A日圓） × 10,000單位

A ＝ 6,000日圓 ÷ 10,000單位 ＋ 110.50日圓
　 ＝ 111.10日圓

答：應在111.10日圓處設定停損

例題 14

- ・保證金：10萬日圓
- ・交易貨幣：英鎊／美元
- ・交易量：10手＝10,000單位
- ・建倉價（賣）：1.12600美元
- ・風險容許度：3%
- ・日圓匯率：1美元＝100日圓

欲將單次虧損控制在保證金3%以下時，可容許的最大虧損金額是：

最大虧損金額 = 保證金 × 風險容許度
　　　　　　 = 10萬日圓 × 3%
　　　　　　 = 3,000日圓

此時，假設停損點為A日圓，

交易損益 = 買賣價差 × 交易量 × 日圓匯率
　　　　 =（賣價－買價）× 交易量 × 日圓匯率
－3,000日圓 =（1.12600 － A ）× 10,000單位 × 100日圓

由上可算出A的值為：

A = 3,000日圓 ÷ 10,000單位 ÷ 100日圓 + 1.1260
　 = 1.12900

答：應在1.12900美元處設定停損

3步驟做好資金管理（基本篇）

這裡讓我們重新整理一遍投資外匯保證金時實際的資金管理流程吧。

首先，在交易開始時第一個要決定的，又或是已經決定好的項目有「保證金」、「風險容許度」、「貨幣對」、「買賣方向」。

第 1 步：決定要以何種方向操作哪種貨幣對

- ・保證金：**存入外匯公司帳戶的投資本金**
- ・風險容許度：**控制虧損的比例**
- ・貨幣對：**買賣的貨幣對**
- ・買賣方向：**買進或賣出**

接著要決定以多少倍的槓桿來交易。槓桿可以用交易量，也就是要交易多少手來調整（參照170頁）。

第 2 步：決定槓桿和手數

- 交易量：**交易手數**
- 槓桿：**進場時的槓桿**

最後則是以第1步和第2步定下的條件和當前匯率為基礎，**計算停損和停利的水位**來控制風險容許度。

停損的水位就如同演練題7和8時的解說，可以由風險容許度反推計算出來。

另一方面，別忘了**決定停利水位時要考慮風險報酬比**。

第 3 步：決定何時平倉（停損和停利）

- 停損水位：**用風險容許度去計算**
- 停利水位：**用風險報酬比去計算**

停損水位應該在進場前決定還是進場後決定

在上面的資金管理3步驟（基本篇）中，我們說了要先決定交易手數，接著才決定何時平倉（停損和停利）。

採用這個做法，不僅在進場時可掌握槓桿，且停損點也已經計算好，風險容許度得到控制，是相當完善的資金管理。

不過唯有一點需要注意。

那就是**平倉的位置**，尤其要**注意你的停損水位有沒有包含技術面的根據**。

所謂**應該停損的時機**，也就是你用技術分析進場後，**發現當初的進場根據已經不存在的那一刻**。

換言之，當進場的根據消失時，即使帳面虧損還未到達風險容許度的最大虧損額，也應該立即執行停損，沒有必要等到虧損達到最大虧損。

舉例來說，假設我們在前面的3步驟中將停損幅度設為30pips。但假如我們當初進場的依據是匯率在支撐線上反彈，結果之後匯率一反預想跌破了支撐線，由於此時當初進場的依據已經消失，就應該立刻停損。

因此，雖然帳面虧損仍未到達風險容許度的30pips，我們仍會提前進行停損。

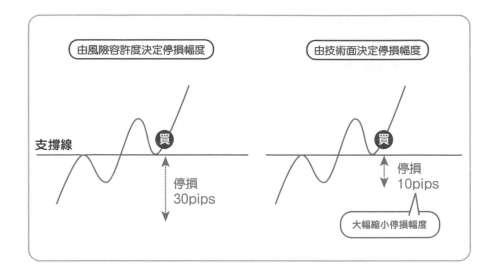

由風險容許度決定停損幅度

由技術面決定停損幅度

支撐線

買

買

停損
30pips

停損
10pips

大幅縮小停損幅度

3步驟做好資金管理（應用篇）

　　一路從前面讀到這裡，相信有些讀者會產生**「既然如此先決定停損幅度，再決定交易手數不就行了嗎？」**的疑問。

　　這個方法其實也非常有效。

　　首先，第1步就跟資金管理的3步驟（基本篇）一樣。

第 1 步：決定要以何種方向操作哪種貨幣對

- ‧保證金：**存入外匯公司帳戶的投資本金**
- ‧風險容許度：**控制虧損的比例**
- ‧貨幣對：**買賣的貨幣對**
- ‧買賣方向：**買進或賣出**

　　接著第2步，要分析圖表找出技術面的根據，決定停損和停利的水位。

第 2 步：決定何時平倉（停損和停利）

- ‧停損水位：**依技術面根據決定**
- ‧停利水位：**用風險報酬比去計算**

決定停損幅度後，就可以用風險容許度反推最多可以交易多少交易量，然後在此範圍內決定要交易的手數。

第3步：決定槓桿和手數

- 交易量：**交易手數**
- 槓桿：**進場時的槓桿**

那麼，下面讓我們用演練題10、11練習用這個方法計算交易手數吧。

> 要控制風險容許度，就要先理解停損點（停損水位）應該設定在什麼地方。

從停損幅度推算交易量
（包含日幣的情況）

Q 在外匯公司存入30萬日圓的保證金。以108.50日圓的價格買進美元／日圓，並照技術分析的依據決定將停損點設置在108.30日圓的位置。請問此時若想將單次虧損的金額控制在保證金的2%內（風險容許度），交易量最多應低於多少？

A 根據以下計算，可算出最高交易量為30,000單位。
要把單次虧損的金額控制在保證金的2%以下，則可容許的最大虧損金額是：

最大虧損金額 ＝ 保證金 × 風險容許度
　　　　　　 ＝ 30萬日圓 × 2%
　　　　　　 ＝ 6,000日圓

此時，假設交易量為A，

交易損益 ＝ 買賣價差 × 交易量 ＝（賣價 － 買價）× 交易量
－6,000日圓 ＝（108.30日圓－108.50日圓）× A

因此，
　A ＝ 6,000日圓 ÷ 0.2日圓
　　 ＝ 30,000單位

另外，進場時的槓桿如下：

槓桿 ＝ 換算回日幣的交易金額 ÷ 保證金
　　 ＝ 30,000單位 × 108.50日圓 ÷ 30萬日圓
　　 ＝ 10.85

那麼，接著來寫寫下面的例題練習吧。

例題 15　請問最高交易量是多少？

- 保證金：**50萬日圓**
- 貨幣對：**歐元／日圓**
- 建倉價（賣）：**123.50日圓**
- 停損點：**123.60日圓**
- 風險容許度：**3%**

計算方式如下。

要把單次虧損的金額控制在保證金的3%以下，則可容許的最大虧損金額是：

> **最大虧損金額 ＝ 50萬日圓 × 3% ＝15,000日圓**

此時，假設交易量為A，

> **－15,000日圓 ＝ （123.50日圓 － 123.60日圓） × A（交易量）**
> **A ＝ 15,000日圓 ÷ 0.1日圓**
> **　 ＝ 150,000單位**

另外，進場時的槓桿為：

150,000單位×123.50日圓÷50萬日圓＝37.0倍

因為這個槓桿已經超過了25倍，所以在日本的外匯公司是不可交易的。

就像這樣，對於不同的保證金和風險容許度，當停損幅度太小的時候，有時算出來的最大交易量會超過外匯公司的槓桿限制。

這種時候，請在自己可接受的槓桿（推薦控制在10倍以下）範圍內**調整交易量再進場**。

如此一來，即可❶設定出有技術面依據的停損點、❷將虧損控制在風險容許度以下、❸設定出有良好風險報酬比的停利水位，實現穩健可靠的投資。

> 決定好停損幅度以後，就能知道應該交易多少數量。

從停損幅度推算交易量
（不含日幣的情況）

Q 在外匯公司存入30萬日圓的保證金。以1.11500美元的價格買進歐元／美元，並照技術分析的依據決定將停損點設置在1.11000美元的位置。請問此時若想將單次虧損的金額控制在保證金的3%內（風險容許度），交易量最多應低於多少？

假設日圓匯率為1美元＝100日圓，1歐元＝111.50日圓。

A 根據以下計算，可算出最高交易量為18,000單位。

要把單次虧損的金額控制在保證金的3%以下，則可容許的最大虧損金額是：

最大虧損金額 ＝ 保證金 × 風險容許度
　　　　　　 ＝ 30萬日圓 × 3%
　　　　　　 ＝ 9,000日圓

此時，假設交易量為A，

交易損益 ＝ 買賣價差 × 交易量 × 日圓匯率
　　　　 ＝（賣價－買價）× 交易量 × 日圓匯率

－9,000日圓 ＝（1.11000美元 － 1.11500美元）× A × 100日圓

因此，
　A ＝ 9,000日圓 ÷ 0.005 ÷ 100日圓
　　 ＝ 18,000單位（歐元）

另外，進場時的槓桿如下。

記得計算槓桿時的日圓匯率是「基礎貨幣」對日圓的匯率，因此要用

歐元兌日圓的匯率來算。

槓桿 ＝ 換算回日幣的交易金額 ÷ 保證金
　　 ＝ 18,000單位（歐元）× 111.50日圓 ÷ 30萬日圓
　　 ＝ 6.69

那麼，接著來寫寫下面的例題練習吧。

例題 16　請問最高交易量是多少？

- ・保證金：**50萬日圓**
- ・貨幣對：**英鎊／美元**
- ・建倉價（賣）：**1.24300美元**
- ・停損點：**1.24800美元**
- ・風險容許度：**2%**
- ・日圓匯率：**美元／日圓＝100日圓、英鎊／日圓＝124.30日圓**

最大虧損金額 ＝ 50萬日圓 × 2% ＝ 1萬日圓

此時，假設交易量為A，

交易損益 ＝ 買賣價差 × 交易量 × 日圓匯率
－1萬日圓 ＝ （1.24300 － 1.24800）× A × 100日圓

A ＝ 1萬日圓 ÷ 0.005 ÷ 100日圓
　 ＝ 20,000單位（英鎊）

另外，進場時的槓桿為：

槓桿 ＝ 20,000單位（英鎊）× 124.30日圓 ÷ 50萬日圓
　　 ＝ 4.97倍

利用APP或其他工具計算資金管理

本回所學的資金管理計算，不需要每次都自己親自算一遍。

最近各家外匯公司都有提供可免費使用的**損益模擬軟體或APP**，只要使用這些軟體就能夠輕鬆計算損益。

話雖如此，如果完全沒親自學過資金管理的計算方法就從事外匯投資，風險還是很高。

即使有損益模擬軟體可以用，操作時還是需要有一定的背景知識，更重要的是若具備資金管理知識，當遇到突發狀況時也能冷靜應對。

想在投資的世界持續獲利，只學會在什麼時候進場買賣是不夠的。

唯有以完善的資金管理方法為基礎，各種分析投資手法才能發揮其用處。

如何？
我想各位都已經認識到資金管理
有多麼重要了吧。
只要能管理好資金，相信大家一
定都能持續拿出好表現！

國家圖書館出版品預行編目(CIP)資料

4步驟學會高勝率外匯交易法：前大型銀行頂尖FX
交易員教你從市場判讀到資金管理／鈴木拓也
著；陳識中譯. -- 初版. -- 臺北市：臺灣東販股份
有限公司, 2021.04
200面；14.7×21公分
譯自：FXチャート＆資金管理実践トレーニング
ISBN 978-986-511-645-3（平裝）

1.外匯交易 2.外匯投資 3.資金管理

563.23   110002456

4步驟學會高勝率外匯交易法
前大型銀行頂尖FX交易員教你從市場判讀到資金管理

2021年 4 月1日初版第一刷發行
2024年 6 月1日初版第四刷發行

作　　者　　鈴木拓也
譯　　者　　陳識中
編　　輯　　邱千容
特約美編　　麥克斯
封面設計　　水青子
發 行 人　　若森稔雄
發 行 所　　台灣東販股份有限公司
　　　　　　＜地址＞台北市南京東路4段130號2F-1
　　　　　　＜電話＞(02)2577-8878
　　　　　　＜傳真＞(02)2577-8896
　　　　　　＜網址＞http://www.tohan.com.tw
郵撥帳號　　1405049-4
法律顧問　　蕭雄淋律師
總 經 銷　　聯合發行股份有限公司
　　　　　　＜電話＞(02)2917-8022

著作權所有，禁止翻印轉載。
購買本書者，如遇缺頁或裝訂錯誤，
請寄回調換（海外地區除外）。
Printed in Taiwan